［日］猪俣武范 著　　代芳芳 译

哈佛医生
超强学习法

ハーバード×MBA×医師
目標を次々に達成する人の最強の勉強法

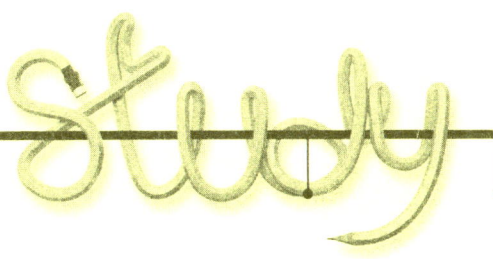

SPM 南方出版传媒 广东人民出版社
·广州·

图书在版编目（CIP）数据

哈佛医生超强学习法 /（日）猪俣武范著；代芳芳译. —广州：广东人民出版社，2018.3
ISBN 978-7-218-12351-6

Ⅰ. ①哈… Ⅱ. ①猪…②代… Ⅲ. ①学习方法 Ⅳ. ①G442

中国版本图书馆 CIP 数据核字 (2017) 第 290701 号

广东省版权著作权合同登记号：图字：19-2017-137
ハーバード ×MBA× 医師 目標を次々に達成する人の最強の勉強法
猪俣武範著
HARVARD X MBA X ISHI MOKUHYOU WO TSUGITSUGI NI TASSEI SURU HITO NO SAIKYOU NO BENKYOUHOU
Copyright © 2016 by Takenori Inomata
Original Japanese edition published by Discover 21,Inc.,Tokyo,Japan
Simplified Chinese translation rights © Beijing Shi Zu Niao Culture Communication Co.,Ltd .
by arrangement with Discover 21, Inc. through ERIC YANG AGENCY

Hafo Yisheng Chaoqiang Xuexifa

哈佛医生超强学习法

〔日〕猪俣武范 著　代芳芳 译　　　　版权所有　翻印必究

出 版 人： 肖风华

策划编辑： 詹继梅
责任编辑： 马妮璐
责任技编： 周　杰　易志华
封面设计： Amber Design 琥珀视觉

出版发行： 广东人民出版社
地　　址： 广州市大沙头四马路 10 号　（邮政编码：510102）
电　　话：（020）83798714（总编室）
传　　真：（020）83780199
网　　址： http://www.gdpph.com
印　　刷： 北京时尚印佳彩色印刷有限公司
开　　本： 880mm×1230mm　1/32
印　　张： 7　　**字　数：** 130 千字
版　　次： 2018 年 3 月第 1 版　2018 年 3 月第 1 次印刷
定　　价： 39.80 元

如发现印装质量问题，影响阅读，请与出版社（020-83795749）联系调换。
售书热线：（020）83795240

目录

前言 …………………………………………………… 1

PART 1 卓有成效的人设定目标的技巧

1. 从目标开始反向思考 ………………………………… 3
2. 制定灵活的目标 ……………………………………… 5
3. 将目标分为 7 个方面 ………………………………… 7
4. 制定 10 年期目标 ……………………………………… 9
5. 定期更新简历 ………………………………………… 12
6. 将目标和未来的理想相结合 ………………………… 14
7. 赋予目标连贯性 ……………………………………… 16
8. 形成目标组合 ………………………………………… 19
9. 不是"A 或 B",而是"A 和 B" …………………… 22
10. 以目标人物为榜样 ………………………………… 24

COLUMN 1 我以哈佛、MBA 为目标的原因 ………… 27

PART 2 卓有成效的人管理时间和提高专注力的技巧

11. 适当进行时间管理 ………………………… 36
12. 将复利的思考方式引入时间管理 ………… 38
13. 通过治疗类选法确定优先顺序 …………… 40
14. 为了效果显著，需熟练安排时间 ………… 42
15. 巧用零碎时间 ……………………………… 44
16. 周末不安排学习 …………………………… 47
17. 减少消遣时间 ……………………………… 49
18. 养成专注的习惯 …………………………… 52
19. 避免一心多用 ……………………………… 54
20. 理解专注的生物钟 ………………………… 57
21. 通过睾酮提高专注力 ……………………… 59
22. 设定期限 …………………………………… 60
23. 控制困意 …………………………………… 61
24. 将健康管理进行到底 ……………………… 63
25. 有意识地留出清扫时间 …………………… 66
26. 将 10% 的时间用于新事情 ………………… 68

INTERVIEW 1——挑战世界的人采访记录一
顺天堂大学医学部心脏血管外科教授 天野笃 ……… 71

PART 3 卓有成效的人的学习技巧

27. 将"LEAN"思考方式引入学习 …… 78
28. 将目标和任务可视化 …… 82
29. 通过波纹效应增加动力 …… 84
30. 不过于追求完美 …… 86
31. 高效率学习真题集和教科书 …… 88
32. 不从习题集的第一页开始 …… 91
33. 巧用荧光标记 …… 92
34. 利用博客锻炼表达力 …… 93
35. 每天跟进 TO DO 清单 …… 95
36. 用 FIFO 方法管理 TO DO …… 97
37. 在学习上不吝啬钱财 …… 100
38. 形成资质 …… 102
COLUMN 2 世界化的哈佛大学实验室 …… 108

PART 4 从哈佛、MBA 学到的学习法

39. 尽早获得信任 …… 113
40. 巧用人脉 …… 115
41. 目标不是竞争而是相互协作 …… 118
42. 消化海量知识 …… 122
43. 重视预习 …… 125
44. 通过发言磨炼自己的见解和思维 …… 127
45. 享受海外留学 …… 129

46. 远离舒适区 ·· 132

INTERVIEW 2——挑战世界的人采访记录二
哈佛大学应用数学专业·专业足球运动员 小林宽生 …… 135

PART 5 从零开始的英语学习法

47. 成为全球化人才 ·· 142
48. 早期开始便要设定具体目标 ································ 143
49. 非"正确英语"也可以沟通 ································ 145
50. 具体描述学习英语的目的 ·································· 147
51. 牢记目标，只学习必要的技能 ······························ 149
52. 确保英语学习时间 ·· 151
53. 做 TOEFL 领跑运动员 ····································· 153
54. 跟遗忘曲线战斗，牢记英语单词 ···························· 155
55. 用英语上网 ·· 159
56. 用 10-K 锻炼阅读技巧 ····································· 161
57. 通过电影和 TED 磨炼听力技巧 ···························· 164
58. 演讲要有表达意识 ·· 166
59. 制作英语简历 ·· 168
60. 英语会话中不要"不懂装懂" ····························· 171
61. 使用谷歌学习书写 ·· 172
62. 使用模板写英文邮件 ·· 173
63. 推荐 TOEFL 用书 ··· 175

INTERVIEW 3—— 挑战世界的人采访记录三
专业网球选手　添田豪 ·················· 178

PART 6 卓有成效的人不断成长的技巧

64. 通过成功体验来保持动力 ············ 184
65. 利用先发优势 ······················ 188
66. 体验超越界限 ······················ 191
67. 一边想象着合格的自己一边学习 ······ 193
68. 遵守和自己的约定 ·················· 194
69. 注意不同的衡量标准 ················ 195
70. 为组织做出贡献 ···················· 198
71. 不以金钱来定义成功 ················ 200
72. 即使失败，也要积极思考 ············ 201

INTERVIEW 4—— 挑战世界的人采访记录四
拉面店"Yume Wo Katare"经营者　西冈津世志 ········ 205

后记 ·················· 209

前言

随着时代的变化以及全球化进程的加剧，世界间的界限正逐渐消失。

也就是说，我们已经进入了要和全世界人才竞争的时代。但换言之，世界上的任何人都将拥有更多的机会。

为了在这样的时代保持竞争优势，我们在努力做好眼前工作的同时，还需要朝着将来的道路不断努力学习、掌握新的技能。

这种情况下，我们该如何安排时间、如何兼顾工作和学习呢？

本书将向忙于工作和日常生活的社会大众介绍以下内容，一边从事医生的工作，一边从零的状态开始学习英语，并留学哈佛、同时在商务学校考取MBA的作者本人的真实体验，以及以活跃在海外的日本人和精英的采访记录为基础的"兼顾工作和学习、同时完成多个目标的思维方式和包括语言学习在内的具体学习方法"。

任何人都能够"挑战世界"。

描绘梦想、坚持目标的时候,偶尔失败也没关系。只有以最终站到顶点为目标、不断修炼自己、挑战世界才能看到最美的风景。

如何学习才能边兼顾医生的工作边完成留学哈佛、考取MBA?

我成长于茨城县一家极为普通的工薪家庭。童年时代并没什么特别之处,自然也不可能拥有长期的海外经验等。

即使是这样的我,也在2010～2015年的5年间一边在医生的工作岗位上不断迈进,一边考取了医学博士、留学哈佛大学医学部,而且考取了MBA,完成了看上去不可能同时完成的目标。

从前就一直有朋友问我"你什么时间学习?""你什么时间睡觉?"

朋友们看到我同时挑战不同的目标,觉得我能挤出这么多时间来学习简直是不可思议。

为了高效率完成目标,需要培养"对学习的思考方式和姿态""学习技巧和过程""学习之外的网络"这样的良性循环。

其中,我最在意的是"着眼于人生中想完成的事情来设定目标"和"明确什么事情不能做"。

这是最大限度发挥潜能时最重要的两点。

人生只有一次。然而,想挑战和想了解的事情却多如牛毛。

为了在有限的时间里高效率学习、完成目标，就需要"减少无用功、将 100% 的时间集中用在该做的事情上"。

如果我将自己的思考方式和独特的学习方法整理出来并分享给大家，或许能帮助大家更高效率地挑战和完成自己的梦想以及目标，于是我才执笔写出本书。

关于构建目标和时间管理的"学习生态系统"所需要的精华，书中并没有进行过于深入的探讨，而是进行了概括性、全面性的说明。对于面临就业的大学生、想升职的商务人士和兼顾育儿、家庭以及学习的人们来说，本书是以最短途径收获成功、挑战世界时不可缺少的指南针。

切磋琢磨，打造世界基石。

大多数美国人在面临困难的时候，不会说"不能""很难"这样的消极语言。他们会这么说：

"It's Challenging（这很有挑战）。"

挑战，会让人想起不断前进，同时也带给我们"或许还能达成目标"的鼓励情绪。

希望繁忙而抽不出时间的人们以及忙于兼顾育儿、家庭和学习的人们都能牢记"挑战"意识。

在最好的状态下，有的人会发挥出超乎寻常的能力。本书主要介绍将人生目标和节点具体化的方法以及做出重大决定时关键而有效的技巧。为一年后的资格考试而学习、做升职准备、为育儿后的第二职业做准备等，请大家放到具体情境下去考虑一下。

通过学习能产生巨大效果的人和不能产生巨大效果的人之间的差距，在学习的思考方式和环境变化以及简单的技巧上，而不在于与生俱来的头脑差别。

把你自身的经验和时间同本书的学习方法相融合，如果能创造出与众不同的未来、建立起挑战世界的基石，本人将感到万分荣幸。

猪俣武范

PART 1

卓有成效的人设定目标的技巧

通过学习和工作而获得显著效果的人和没有效果的人之间存在着巨大差距。这是因为"对学习的思考方式和姿态"不同。

忽略了这一点的人就不可能获得显著效果。

在学习方面，本书介绍了几种高效率的技巧和时间管理方法。但是，如果没有建立对学习的思考方式和姿态，即使使用了这些方法，也不可能获得显著效果。

首先，建立对学习的思考方式和姿态时，最重要的是，要有明确的人生目标或可称为使命的目标。

如果能坚定人生目标，就能从目标开始逆向思考，专注于现在应该做的事情。这样一来，就能明确，对你来说，哪些事情是必要的，哪些事情是在浪费时间。

首先，确定目标，明确自己为什么而学习。

1. 从目标开始反向思考

入手这本书的人，大都已经确立了未来的目标、渴望自我成长。

但是，我觉得其中一定有人，无论怎么努力工作，就是如同漂浮在世界表面一样，找不到目标和自身的价值。

究其原因，是因为如果不花费充分的时间来思考人生的目标是什么，就无法确定明确的目标。

目标的设定以及学习，对理想中未来职业的思考，都是最重要的过程。通过设定目标，才能够保持动力。而且，也可以将你对未来的想象引入到现实中。

顶级水平的田径运动员或是获得成功的商业人士，在将目标具体化时，都不仅限于其擅长的领域。**明确地设定目标，可以带来长期的设想和短期的动力。** 而且，设定目标并进行有效管理，可以令有限的时间资源有效地集中到你真正想要获得的人生上。

我们要尽可能详细而具体地描述出自己的目标。这样一来，就可以真实地感受到进步，也可以监测出目标的完成度。

设定目标并进行自我评价，就等同于在医院测量生命指征。 所谓生命指征是指血压、脉搏、呼吸、体温等。测量这些指征是了解身体状态时不可或缺的过程。同样，为了进行目标管理，将目标的完成度量化也是必不可少的。

　　在长期的学习过程中，我们偶尔会忽视自己的进步。这种情况下，通过真实而详细地感受目标的达成，可以增长自信，最终将收获长期的动力。

　　汽车导航系统和智能手机的地图软件都需要输入"现在位置"和"目的地（目标）"。输入之后，无论实时路况如何变化，都能够很快到达目的地。然而，如果不确定目的地，就会浪费大量时间，或者不能有效地规划路径，不能从目标来逆向做出准备。

　　设定目标，不仅能促进学习，还能够明确你人生的方向。
　　通过认识自身真正想要达到的目标，你将明白应该将时间用在哪里，并据此减少花费在没必要的事情上的时间。

　　确定学习的速度也是设定目标的方法。

　　重点：在设定目标的过程中，你将会明确自己的人生方向。

2. 制定灵活的目标

很多人因为不知道将来要做什么，而无法确定学习的目标。我们可能真的无法想象 5 年后和 10 年后的自己。但是，正因为如此，我们才需要在保持弹性的同时，战略性地确定目标以及学习方法。

在这种不确定的情况下，怎么确定目标更好呢？重要的是我们要**大致地想象一下 5 年后和 10 年后的自己**。目标可以不断变化，所以在设定目标的时候，无须完美地预测将来。

设定目标时，运用采纳灵活目标（SMART GOAL）5 项标准的框架就非常方便。

所谓 SMART 是 Specific（更具体的）、Measurable（可评价的）、Achievable（可实现的）、Realistic（现实的）和 Time-bound（期限内可达成的）这 5 个词汇的首字母组成的，我们的目标应该满足这 5 点。通过使用这一框架，便能够更加明确地设定目标。

这里，我们来看一下非灵活目标和灵活目标的例子。

非灵活目标

·顺应全球化要求学习英语。

·为了有出息而考取资格证。

·为了有教养而读书。

灵活目标

·为了 2017 年之前在 TOEFL 中考取 100 分，每天学习 20 页英语单词。

·为了 7 年后的独立，在 2020 年之前考取 MBA。为此，一个月学习 30 页考试资料。

·为了有教养，每周读两本书。

非灵活目标和灵活目标之间的差距非常明显。灵活目标是具体的、数值等可评价的、现实的、可实现的，并且设置了一定的期限。

设定的并不是"将来要当社长"这样的抽象目标，而是"2015年 9 月要去哈佛大学留学"等明确且强有力的目标，这一点非常重要。当然，一定要牢记，设定的灵活目标应该是"只要经过充分准备就能实现"。开始就设定盲目的计划将没有任何意义。

在设定学习目标的时候，请依照以上 5 项标准设定灵活目标。

■ 重点：一定牢记目标应该是"只要经过充分准备就能实现"。

3. 将目标分为7个方面

设定目标时最重要的,是要明确"一生的最终目标是什么"。确定人生目标,是进行各种决断的重要核心。

虽说如此,但要一下子确定人生的最终目标,依然困难重重。所以,从以下7个方面来设定目标吧。

- 工作(职业)
- 家庭
- 经济(金钱)
- 健康
- 教育(启发自我)
- 兴趣
- 其他(志愿者等)

先分别在这7个方面设定一个以上、最低限度的具体目标。

通过个人头脑风暴,经过深思熟虑制定目标

作为思考目标具体内容的方法,我推荐个人头脑风暴法。据此来想出你的具有创造性的创意主干。

个人头脑风暴是亚历克斯·奥斯本于1953年出版的 *Applied*

Imagination 一书中提出的会议方式之一。之后，研究方法经过改良，变成了现在的"在集体中集思广益、激活彼此的创意想法，从而解决问题"。

头脑风暴通常是在团体中进行的，但即使一个人也可以实行。有研究表明，个人进行头脑风暴比在团体中进行会产生更多的创意。因为在团体中，会更在意其他人的想法，会害怕被批评，会失去创造性。而个人头脑风暴无须在意他人的看法。

接下来，我要介绍一下通过个人头脑风暴来设定目标的方法。

首先，提前做好准备。在行程表里添加个人头脑风暴的时间。准备好让自己心情愉悦的书桌和座椅。另外，为了不分散注意力，从开始就要确定好时间，集中精力开展个人头脑风暴。

其次，如果决定用 30 分钟就设置 30 分钟的时间，将想到的目标原原本本地写在纸上。这时，也可以确定好目标的数量。请尝试在个人头脑风暴的 30 分钟内列出 100 个目标。

刚开始可能会没有想法，30 分钟内也无法列出 100 个目标。但是，在不断地重复和尝试中，100 个目标终会瞬间浮现出来。

像这样分析一下头脑风暴中创造出的想法，将其分类为以上列举的 7 个方面。并且，裁剪其中重复的、不必要的目标，这样就能清晰地看到**自己真正想要的目标**。

■ 重点：在每一方面都要设定一个以上的最低限度的具体目标。

4. 制定 10 年期目标

我分别设定了各方面的目标后，接着又制定了 10 年期的目标。这是因为，10 年是划分长期、中期、短期的最佳划分期限。如果确立了 10 年后的目标，就能很好地和中期（5 年后）、短期（1 年后）区别开。

在电脑上制作文件夹进行分类，落实到每天的生活目标中。随着逐渐下行，可以写上更具体的名字。

比如，我在工作领域制定了"5 年后 MBA 留学"这一目标。这样一来，就可以制定"3 年后考取 TOEFL100 分""明年考取 80 分"这样的阶段性、逆向确立的目标。而且，为了实现考取 80 分的目标，应该采用什么样的框架结构，就可以在每日的微小进步中安排行程。这么做，每天都可以拥有高强度的动力，长期坚持一定能收获显著成果。

目标是战略、是通道。我们要确立可行性强的目标、创造可持续努力的环境。而且，通过反向思考自己将来需要的东西（目标），来制订学习计划，就能获得高效率的、效果显著的成效。

这里介绍一下我自己确立的目标。

每年的 1 月和 6 月，我会回顾半年前确立的目标，评估短期完成度的同时也会制定短期、中期、长期的目标。

1 天和 1 周的目标可以制作成 TO DO 和行程表，非常方便，但是 1 年以上的目标就需要用笔写在笔记本上。这是因为笔记本更方便重新确认，而且，手写的内容更加严谨。

这种情况下，就买好一辈子的笔记本吧。我喜欢用质地良好的皮革制作的常规设计系列笔记本。使用系列笔记本可免去购买替补品时的麻烦，因为我不喜欢每年都更换设计。

我制定了短期（1~2 年）、中期（5 年）、长期（10 年）的目标。

目标也分为前面所述的工作、家庭、经济、健康、教育、兴趣、其他 7 个方面。无法分类的内容全部归到"其他"里。因为每年都会制定目标，所以基本上都是以新年里还可以继续进行的形式来制定新目标。

公开目标

如上所述，制定了目标之后，我建议向组织和家人公开自己的目标。公开目标将获得波及效应，对增加完成目标的动力非常重要。

我在 Facebook 和博客上公开发表了自己的目标，也可以在贺年卡和新年邮件里写明目标。通过公开让目标可视化，可以创造一个无论任何人看到都会觉得"猪俣武范正在为这一工作和目标而努力奋斗"的环境。

将目标公开，人们往往希望得到周围人的评价，所以会更加努力、更加动力十足。就连弗雷德里克·赫茨伯格的动力研究也认为，**来自周围的评价会产生强有力的动力。**

■ **重点：目标是战略、是通道。**

5. 定期更新简历

大家找工作或者换工作的时候，都会写简历。

我建议大家在制定 10 年期目标的同时，把简历作为检测目标达成度的标尺，来定期更新简历。

简历不只是罗列工作经验，更是"**连接你过去和未来的桥梁**"。制作简历时一定要意识到这一点。

通过定期更新简历和 10 年期目标，就能够管理好自己人生的"现在"和"未来"。

换言之，经过半年和 1 年之后，如果不能更新简历，也会说明这期间没有取得任何进步，即没有完成短期目标。

而且，我建议大家 **3 个月重写一次简历**。因为这样做，能在整理短期工作业绩的同时，回顾新获得的技能并将其可视化。

比如可以在每年的 1 月和 6 月，在笔记本上写下 10 年期的目标，并且每 3 个月就更新一次简历。将简历和 10 年期的目标相比较的同时，还要考虑短期应该学习什么、中期应该投资什么、长期的目标应该如何确定。通过 10 年期的目标将未来可视化，通过简历将之前的进步可视化。

书写简历时，内容要控制在 2 页。第 1 页上记录学历、职业经历、技能、获奖情况、参加的学会、志愿活动等，第 2 页上记录出版的论文、书籍等。

而且，同时也要制作英文简历。关于英文简历，将在 PART5 做详细说明，这也是英语学习的过程。为了用英语介绍自己，熟练理解展示自我历史的简历是一条捷径。

简历记录了你的努力过程，可以确认你的职业经验。通过制作简历，可以将自己的努力可视化，也能够保持动力。另外，**通过对比展示了目标以及现状的简历，能够了解目标和现状之间的差距。了解了这一差距，就能够掌握必须要做的事情是什么。**

这样一来，简历将成为提高职业规划目标的管理"标尺"，反映出日益不断的进步和成长。

目标是流动的，所以对待目标我们必须采取有弹性的态度。但是无论是否有弹性，职业战略和决策都将非常复杂。如果目标不变，标尺也不会变，决策也将清晰明了，这就是一定要制定目标的原因。

■ **重点：简历将成为提高职业规划目标的管理"标尺"。**

6. 将目标和未来的理想相结合

你能不能判断出是否应该停止之前一直在浪费时间的事情?

假如你的公司3年间在A项目上投入了10亿日元的设备。如何才能确定是否应该在这一项目上再投入1亿日元?

这时,如果你了解**沉没成本**(Sunk Cost),那么一定可以避免做出错误的决策。

沉没成本是指已经支出的费用,这是金融学中的基本概念,也是我们做出决策时要用到的思考方式。

再来具体看一下刚才的例子。3年间投入了10亿日元的设备之后,假如,通过项目的市场调查,了解到需要追加投资1亿日元。这种情况下,应该如何确定是否应该追加投资呢?

这时,决定是否开始这一项目,就必须判断出"从现在(项目开始时)到将来能否带来经济价值"。

不能因为过去3年间的10亿日元设备投资的费用就轻而易举地继续投入1亿日元。如果预计追投后的收益没有超过1亿日元,就应该停止追加投资。10亿日元的沉没成本,不能考虑进去。

这是因为，这 10 亿日元是已经支付的成本，刚才的决策和已经付出的成本没有关系。为了判断是否应该继续投资，我们需要对比今后有新项目和没有新项目这两种情况，而且和之前的投资额没有任何关系。

这样一来，如果你有一直在花费时间的事情，制定目标的时候，就应该先确定，这件事今后是否还能通过花费时间获得更高利益。之后，再做出决定。

比如，大学 4 年间一直在学习物理。之后，大学毕业并从事决策顾问的职业。你还应该继续学习物理吗？

这时，很明显在物理学习上花费的 4 年时间就是沉没成本，而想在顾问职业上获得成功，则应该在其他方面更加努力。

所以，**了解沉没成本的概念后，我们在做决策时，就应该忽视当下无法控制的过去。这一点就是我们决策的标准。**

制定目标时，不要考虑过去，要立足于将来的理想，考虑当下最重要的是什么，以此来制定自己的目标。

■ **重点：制定目标时，不要考虑过去。**

7. 赋予目标连贯性

为了达成目标，最重要的战略之一就是坚持。我们经常说"坚持就会胜利"，没有坚持就无法实现目标。

在商业世界中，有永存企业这一说法。坚持 1–2 年并没有任何意义，目标是坚持 10 年、20 年的"长期的""健康的"存在。在学术中，iPS 细胞的发现并不偶然，因为每日实验的积累才会有这么重大的发现。哈佛大学研究院教授迈克尔·波特在《竞争战略》中也将永存性列为第五要因。

在新技术令人眼花缭乱的现代，领导必须应对各种变化。但是光变化并不能带来任何大成就，也不会成为专家。

只有永存性才能产生附加值，才是完成目标的方法。运动、学习和工作也同样如此。

确保每天有 1 小时的学习时间

专注于目标并不断努力并非易事。怎么做才能坚持努力下去呢?

为了坚持，最重要的是减少"交易成本"。

我们来看一下，坚持每天学习英语单词的方法。这种情况下的交易成本是"保证每天1小时""面向书桌""打开参考书"。

我们要怎么做才能降低这一成本呢？答案是要扫除一切障碍。通过扫除障碍，就能降低预计的交易成本。

如果觉得"确保每天1小时"有困难，那么只要利用间隙时间挤出1小时即可。即使无法确保一次1小时，也可以每次10分钟，每天安排6次，这样就可以保持专注力，就可能成为忙碌的商界精英或医生。如果无法做到"面向书桌""打开参考书"，也可以在走动的同时听英语，躺在床上的时候看英语单词书。

如上所述，**连续性和完成目标这一结果都非常重要**。如果确定了核心目标，我们也可以灵活地改变其实现方法和学习方法。

不同的目标是否具有各自的使命以及相同的方向

和连续性同样重要的，是赋予目标连贯性。

比如，我的目标是让母校成为世界第一的医学部。为了实现这一目标，我留学哈佛大学，亲身体验了世界一流大学。获得MBA学位，磨炼经营管理能力。而且，作为医生和研究者，我朝着最先进的技术努力，重新回到大学校园。为了自己的目标，各个目标之间相互创造的价值成倍增加。

如上所述,**如果各个目标之间具有连贯性,就能够使所需的能力、努力、时间更加合适,能够加强各目标间的凝聚力,减少时间和精力的浪费。**

而且,具有连贯性的目标,因为彼此之间相互影响,所以具有一定优势,即使在某一个不具备连贯性的情况下,也很容易识别,并立即修改和变更。

通过设定具有连贯性的不同目标,就能够从各种不同角度获得成长。同时具有不同的目标时,请认真思考一下不同的目标是否具有各自的使命以及相同的方向。

■ 重点:达成目标时,"连续性"和"连贯性"很重要。

8. 形成目标组合

风险，是我们日常生活中经常听到的词汇。对话中如果用到这个词，一般就会有种"不好的预感"。但在金融学中，风险指的是"将来具有不确定性，很难做决定"。

比如，股票交易中，如果事先就充分了解了股票即将下跌，就会卖空股票以规避风险。也就是说，**风险是指不确定性，并没有好与不好的区别。**

如果我们只专注于一个目标和工作，就需要注意已经增长的风险。专注于单一的目标，遭遇挫折的时候就会失去全部希望；专注于一项工作，遭遇工作调整的时候公司就可能面临倒闭而失去生活所依。

但是，风险是可以控制的。

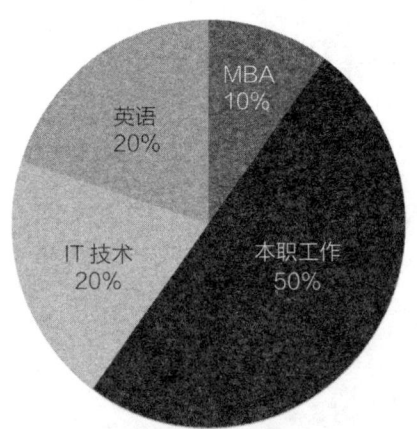

图：形成目标组合

拥有多个目标，即使其中一个目标没有达成也可以完成其他目标。如果考取一个资格证书，换工作时也可以进入其他领域。购买股票时，不只购买一只股票，而要通过目标组合（同时购买几只股票）来降低和规避风险。

我们在设立目标的时候，需要通过这种方式来降低风险，形成"目标组合"。

比如，除本职工作之外还要学习英语。如果是医生，不仅仅要磨炼诊疗技能，还要提高研究和教育技能，这样便可以进行风险管理。

我的朋友柳内启司著有《改变人生的两张名片》，书中写道"关心本职工作之外的事情虽然绝对不是一件坏事，但与开阔视野相比，努力提高本职工作的成绩更为重要"。

目标组合的目的终究还是提高本职工作的成绩，达到事半功倍的效果。因为，将时间花费到和本职工作毫无关系的事情上，可能会对本职工作产生恶劣的影响。

通过风险管理，可以预测目标的完成度，这种说法完全成立。即使是在学习上，也请时刻牢记风险管理，形成目标组合，你将收到令人惊喜的效果。

■ **重点：拥有多个目标可降低、规避风险。**

9. 不是"A 或 B",而是"A 和 B"

我们再来看一下,同时制定多个目标有什么优点。

一般来说,大部分的人都认为应该"完成一个,再做下一个"。
但是,我并不这么认为。我们应该挑战的不是 A 或者 B,而应该是 A 和 B。没有挑战,人生也将毫无意义。不做任何挑战,自然不会有任何失败,不能因为害怕失败而停止挑战。

持有医师资格证的医生想考取 MBA 时,会很难再次回到诊疗前线。这是因为,远离诊疗前线两年,而且在医院的保守环境下会很难实现自己的目标。但是,我周末会一边工作,一边利用经营管理 MBA 课程来学习,在没有离开诊疗前线的前提下,学习管理技能。

为了实现目标和梦想,就不能"A 或者 B"二选一,如果 A 和 B 都是自己最终目标不可或缺的部分,就要大胆地选择"A 和 B",同时发出挑战。

在想着先结束 A 再开始 B 的过程中,可能会被某些人占据先机而失去 B 的机会。另外,在准备"一切就绪"的过程中,可能会无法适应变化而停滞不前。

不需要把专业限制在某一方面。我们掌握的技能应该随着时代的变化而改变。但是，如果拥有超越多数人的优秀技能，就能够应对各种状况。**在加固自己本职工作主干的同时，也要扩展枝叶加强学习，掌握多种知识和技能。**

"我还不行""再准备一下才能开始"，不能像这样害怕去挑战。我们一定要勇于挑战 A 和 B。

■ **重点：不需要把专业限制在某一方面。**

10. 以目标人物为榜样

若想设立具体且具有战略性的目标，最有效的方法是，研究可以成为自己榜样的前辈的事迹。

我确定好留学哈佛和考取美国MBA的目标之后，就拜读了真正经历过这些事情的人所写的经验记录以及博客，研究他们是如何达成目标的，吸取其中可以"模仿"的地方。

在确定自己职业的时候，我也研究了社长和教授这些目标人物的职业轨迹，并从此作为自己的榜样。这些人的简历都成了详细的参考，各个方面都可以借鉴学习。**他们亲身经历的曲折道路都可以成为最值得我们信赖的捷径。**

我在做眼科医生的时候，空闲时间极少，但是还收集并分析了眼科学会摘录上刊登的著名教授们的简历。我吃惊地发现，他们的经历真是惊人的相似。大家在相似的年龄留学海外，并获得奖项。

据此，我们可以通过**将前辈的足迹映射到自己身上，更具体地制定自己的目标。**商业环境中，通过战略模仿并不能获得竞争优势，但以前辈的亲身经历为榜样找到的"可模仿内容"，却意义非凡。

就像我们以史为鉴的地方非常多一样，我建议大家研究一下身边的成功人士是如何完成目标的。

挑战那些从来没人完成过的、不知道能否实现的目标的确需要勇气。但是，无论是多么困难的事情，也应该有人能够完成。寻找能成为榜样的人，参考他的实现轨迹，制定灵活目标再开始行动，这是达成目标的捷径。

■ **重点：研究前辈是如何实现目标的。**

Summary 1

概要 1

1. 从目标开始反向思考
2. 制定灵活的目标
3. 将目标分为 7 个方面
4. 制定 10 年期目标
5. 定期更新简历
6. 将目标和未来的理想相结合
7. 赋予目标连贯性
8. 形成目标组合
9. 不是 "A 或 B",而是 "A 和 B"
10. 以目标人物为榜样

COLUMN 1
我以哈佛、MBA 为目标的原因

入手这本书的人，感兴趣的难道不是"留学哈佛同时攻读 MBA 的医生"会是什么样的人，采用的是什么学习方法吗？

在这里，我想谈一下"我为什么要以留学哈佛和考取 MBA 为目标"。

我成长于茨城县的取手市。从东京的上野站乘坐 JR 常磐线，40 分钟便能到达我所在的街道。这里也是常磐线的始发站，是位于利根川一带安静的城郊住宅区。我的父亲从事水力发电工作，我的母亲是小学老师，我生长于这样一个普通家庭。

我小时候并没有任何海外经历，初高中就读于当地的私立学校江户川学园取手市中高等学校。学生时代的生活和一般的日本人一样，度过了沉迷于网球俱乐部活动的青春时代。

这样的我，在东京大学医学部附属医院当实习医生时，才胡乱产生了留学哈佛的念头。为了成为医生，我上了 6 年的医学部，毕业后考取了国家医师资格证书，然后开始初期临床实习。做实习医生的两年间，我在内科和外科等各个科室之间流转。一般来讲，实习期间就会定下最终的出路，开始走进自己想去的科室。

我不需要继承家业，将来选择哪个科室都非常好。正因为这一点，我才开始慎重选择自己的出路，开始意识到自己的人生目标。另外，东京大学的学术研究氛围也让我意识到，不仅临床重要，研究也同样重要。

从那时开始，我才决定，如果一定要留学的话，就要去世界上最有名的哈佛大学留学，要亲身感受那里的研究环境，亲自确认一下聚集在那里的都是什么人。我决定挑战一个只有到哈佛大学才能看到的全新世界。

另一方面，我记得自己最开始设定MBA目标，是在东京大学附属医院做实习医生第二年快要结束的时候。

在医院，医生需要作为医疗团队的领导来管理团队。即使在研究方面，从确定研究计划到使用研究费用等，管理能力都不可或缺。但是，现有的医学部教育中并没有学习管理和领导能力的充足环境。

从医学部毕业后，我在东京大学医学部附属医院从事初期临床实习医生的工作。在从事为社会做出贡献的医疗事业的同时，我越来越感觉到医生的管理能力和领导能力的必要性。所以，我一直在寻找能够到美国学校系统学习管理和领导能力的机会。

实习结束的时候，我也烦恼过。是否应该就这样成为一名医师？所以我去了外资公司的就业说明会，也咨询了取得MBA学位的人，开始收集大量信息。

即便如此，我依然决定将医师的工作作为自己的主业。因为我感受到了从临床、研究、教育的工作中能获得其他工作所无法获得的成就感。

这时，我好像发现了自己的人生使命。作为医生、研究者、教育者就职于大学医院，通过医疗为世界做出贡献，这就是我的人生使命。但是我也不能放弃MBA。我决定摸索一套能两者兼顾的方法。

一般来说，医生海外留学分为修习博士课程和博士研究员两种。所以，我结束了在东京大学的临床实习之后，立刻开始学习母校顺天堂大学的眼科学博士课程。

顺天堂大学的眼科开设于1943年，是历史悠久的眼科，1952年率先引进了美国开发的隐形眼镜而闻名日本。而且，她对激光原位角膜磨镶术的先驱角膜前后切开术的研究、对屈光矫正手术的进步也做出了重大贡献。另外，为了角膜移植，顺天堂大学眼科建立了日本首家角膜库。因为这些优质的环境，我决定到母校继续学习。

在学习博士课程的过程中，我取得了留学哈佛所需要的医学博士学位并积累了研究成绩等。为了取得留学所需的研究员奖学金，我挑战了所有必需的项目。

学会报告是研究者的成绩之一，所以我在所有主要的学会上都做过报告。另外，我认为留学前还需要有海外经验，所以便参加了世界卫生组织（WHO）举办的预防失明计划，并且在每年的国际学会上做报告。

我还考取了产业医生和眼科专业医生的资格证书，拿到了所有能考到的资格证书。在2012年我获得了博士伦在日本设立的留学研究员奖金，终于如愿以偿地留学理想中的哈佛大学医学部眼科。

之后，在选择好职业的基础上，唯一的烦恼就是能否读全职MBA。在读完两年时间的哈佛大学医学部眼科学之后，我也曾考虑过读全职MBA。

但我读完两年的全职MBA后，就不得不放弃重回研究领域的打算。这是因为，两年全职MBA就必须完全脱离医疗前线，这样一来，就会和医疗前线的最新动向隔绝，在体制保守的大学医院里，这实际上是购买了单程车票。

但是，无论如何我都想实现自己的目标，所以便咨询了很多人。最终，获得的有效信息是，可以仅学习本职工作的管理知识。访问哈佛商学院（HBS）时，HBS的朋友告诉我，可以一边工作，一边读在职MBA。

面向上班族的课程在美国非常受欢迎。很明显，在继续现有职业的同时，在职MBA对我来说是最合适的。这是因为，继续作为哈佛大学医学部眼科的医师、研究者的同时，还能学习理想中的商务技能。

这样一来，继续医生、研究者工作的同时，也能够学习，能够实现留学哈佛、学习商务技能的目标。

就这样，我挑战了看上去杂乱无章的留学哈佛和读取MBA的目标，也学到了很多东西。即使现在回想起来，那段时间也是人生中非常艰难的时期，但带来的结果是，数年间我都保持着前所未有的执行力来工作和学习。

为了提高工作和学习的效率，首先必须改善的是对每日的学习和工作的意识以及思维方式。在挑战不可能实现的目标时，就能够掌握以下思维方式，把目标可视化、省去本质上的浪费、高效学习。

无论是谁，都不可能轻易完成自己设定的目标。我在本书中分享了自己留学哈佛，同时考取MBA的学习思维、学习技能和学习之外的环境等，如果能帮助大家实现目标，真是荣幸之至。

PART 2
卓有成效的人管理时间和提高专注力的技巧

医生这一职业,是一项从早工作到深夜的残酷工作。但是,在这样艰苦的工作中,大部分的医生都在不断学习日益进步的医疗知识。我作为医生,也是一边工作,一边进行留学哈佛和商务管理学习的准备。

与眼前的工作和环境相配合,还要为了将来的目标而学习,怎么管理时间才能更高效呢?

你可能需要一边工作,一边准备资格考试;一边养育孩子,一边学习一门语言。学习和工作很重要,但我们也必须考虑生活质量。把所有时间都用在学习和工作上而忽略家庭,我并不推荐这种做法。

但是另一方面,可以确定的是,如果不加倍投入时间来学习或者工作,就不可能取得卓越的成效。

如果你还是二十几岁、三十几岁的单身青年，现在能做的就只有学习。因为，一旦结婚并拥有了家庭，就很难全身心地投入到学习之中。

但是，即使是结婚并育有子女的人，也不需要放弃挑战。

本书中介绍的内容对繁忙的商务人士、想兼顾家庭和学习的人都会有所帮助。即使无法延长学习时间，通过孜孜不倦地积累，将来也一定能取得显著的成就。

请牢记家人和支持自己的人，为将来的目标不断努力前进吧！

11. 适当进行时间管理

无论设定多么优良的目标和战略，如果不在实现目标的过程中投入时间，都不可能令其成为现实。然而，忙于工作和家事，而无法确保读书时间或为考取证书而学习的时间，这种情况，无论是谁都可能遇到。

那么，为什么同样是一天 24 小时，有的人就能比别人完成更多的事情呢？答案就是时间管理的意识和方法。

所谓时间管理，是指能挤出多少时间为目标而努力，而不是"将时间细分，设定计划，让一天在繁忙中度过"，也不是在忙碌的时间中插入一定的计划。

你每天上班需要花费多少时间？上班时是否会悠闲地用手机上网、听喜欢的音乐呢？

如果你能对自己的目标进行时间管理，上班的时间里听听英语和音像资料等，看一些学习方面的书籍，这不仅会关系到你自身的成长，了解到这一点的公司同事也会看到你十足的干劲儿，从而对他们产生正面影响。

掌握时间管理绝不是难事。最重要的是，对你来说，时间管理有多重要，技能是不是你的一部分，还要让你的内心真正理解这件事。

适当的时间管理是目标达成以及成长过程中不可或缺的。学习时间管理的基础，能够加固你成功的基石。

如果能正确掌握时间管理，以下几项也将变为可能。

- 对排序和截止日期的时间管理
- 设定目标并获得相应成果
- 高效完成日常行为
- 尽早正确地做出决定
- 获得较好的代替方案
- 管理、组织团队
- 避免筋疲力尽

通过掌握和实践时间管理的技能，即使在压力密集的状况下，你通常也能完成无法完成的目标。

■ **重点**：时间管理是指"能挤出多少时间为目标而努力"。

12. 将复利的思考方式引入时间管理

下面，我们从金融学的角度来深入分析一下，"时间为什么重要"。

"今天得到100万日元"和"1年后得到100万日元"，大家会选择哪一个？

了解时间重要性的人都会毫不犹豫地选择前者。

这是因为世间有"利息"这一概念。如果今天有100万日元存到银行，1年后就能获得1年的利息。从这一点来看，今天获得100万日元比1年后获得100万日元更具价值。

如果不是1年而是10年又会如何？按5%的利息计算，100万日元会变成162万日元，和10年后获得的100万日元之间相差62万日元。之所以会产生这么大的差距，是因为利息也会产生利息。金融学上，这种思维方式被称为"**复利**"。

面向目标来进行时间管理的时候，如果具有"复利"的意识，将获得加速度的成长。

为高中考试和大学考试而努力学习的人，很大机会能考进好的学校，在今后的人生中也将继续享受这种利益。年轻时通过学习获得的知识和经验，之后也将收获更多的复利。**所以，年轻的时候无论多忙，都应该身居一个能提升自己的职场之上。**这样一来，在今后很长时间之内，当时获得的技能恩惠都将令你享受到巨大的复利。

即使是与人之间的牵绊，时间也会令其产生复利的价值。通过原有的朋友结识新的朋友，再结识朋友的朋友。这样想来，应该就没有空闲去畏惧与他人建立交际网了。

从这种金融概念来看，很容易就能看清楚管理时间、有效利用时间的重要性。有效地利用好时间，让技能和教养等产生复利效应。

■ **重点：时间能够产生复利价值。**

13. 通过治疗类选法确定优先顺序

为了有效利用时间，就需要将工作进行排序，从而高效率地完成工作。

所以，我提议通过治疗类选法来决定排序。

所谓治疗类选法是指在医疗现场，当大灾害和大事故等造成的人员和物资不充足的情况下，为了得到最好的结果，会根据患者的重症程度来决定治疗的顺序。排序结果会用4种颜色的卡片标示出来，卡片会系在伤者的右手腕上。这种卡片分为黑色、红色、黄色和绿色。黑色表示已经死亡、没有获救希望的人；红色表示需要尽早处理、越快越好；黄色表示需要尽早处理但不像红色那么紧急；绿色表示不必着急处理的人。

我在日常工作中也会有意识地进行这种分类排序。**必须尽早处理的任务（1-3天之内）就标记为红色，需要1周之内处理的任务标记为黄色，完全不紧急的任务标记为绿色，已经结束的任务就标记为黑色，分类存在电脑上。**

通过这种分类标签，优先程度一目了然。这样一来，按照红—

黄—绿的顺序工作，从重要的、紧急的工作开始，逐一完成。

学习也一样，重要性和紧急程度高的地方用标签等进行分类。这样一来，也更容易复习，也可以避免把不必学习的地方再学一遍。

工作和学习中有意识地选择优先程度，是高效利用时间的关键。请尝试一下这种方法，用标签来标示排序。这么做可以减少浪费，创造一个高效率的环境。

■ **重点：工作和学习中有意识地选择优先程度，是高效利用时间的关键。**

14. 为了效果显著，需熟练安排时间

明确目标，减少浪费，了解清楚应该学习什么，之后只要学习即可。但是，时间的使用方法错了的话，将无法得到显著的成果。

所谓学习效率，就是学习成果÷学习时间。也就是说，提高学习效率就是，"如何以较少的时间取得更好的学习成果"。

① 如果学得厌烦了，换学别的科目

实际上这是我最喜欢的方法。如果一直学习同一个科目，无论如何也会感到厌烦，专注力下降。如果人类的大脑一直接受同样的单调刺激，就会变得昏昏欲睡。专注力下降的话，学习成果也自然会停滞不前。

所以，每隔一个小时就换一下学习科目，使大脑也能够恢复元气而愉快地学习。

反过来想一下就会明白，小学里之所以不断变换学习科目，就是为了保持小学生的专注力。

② 差异时间的使用方法

避开早上的混乱时间尽早出门上班，这样就可以在公司附近

的咖啡馆学习或者读书，也可以尽早去办公室工作，以便晚上不再加班，而是去参加学习会和研讨会等，晚上的时间就可以用来投资自己。这就是有效利用差异时间的方法。

我在波士顿的时候，白天会埋头于研究工作，早晨和深夜以及周末的时间都用来学习商务。为了挤出时间、为了取得比别人更大的成果，只能有效地利用差异时间。

③ 反复进行短时间学习

如果既要工作，又要育儿，会很难保证完整的学习时间。但是，大概所有人都可以挤出零碎的休闲时间吧！

就连写报告和论文这种需要完整时间的任务都可以通过挤出的零碎时间来取得显著效果。我们将在下一章详细讲解如何灵活使用零碎时间。

■ **重点：如何以较少的时间取得更好的学习成果。**

15. 巧用零碎时间

为了高效率地学习，需要保证足够多的学习时间。但**重点不是时间"长"，而是时间"多"**。

学习并不是时间越长越好。这是因为专注力并不会持续太长时间。所以，我们才应该多学习，即便是零碎的学习时间也好，只要挤出大量时间，分别用于学习和各项任务即可。

忙于工作、很难拿出完整时间的商务人士，忙于照顾孩子的人，应该都可以找到零碎的时间。有效利用这种"零碎时间"，就能掌握最有效的、同时完成多个目标的时间管理方法。

所谓零碎时间，是指等待开会的 10 分钟、等待和客户面谈的时间等。另外，日常生活中也能找到很多空闲时间，等巴士和地铁的 5 分钟以及在便利店等待结账的 3 分钟都是空闲时间。

即便你的工作忙碌得令人难以置信，也一定能找到零碎时间。这是因为在社会上工作，不可能没有业务之间的衔接。

而且，即使这点时间只有 3 分钟，我们也可以有效地利用这些零碎时间。电脑死机时，肯定需要重新启动吧。这个时候，电脑启动之前的几分钟时间里，你是否一直在发呆？

如果能找到空闲时间，就要有效利用起来，把这些时间投资给自己。下面我们来看几个例子。

有效利用移动中和外出的零碎时间

我常常带着书或者简单的读物外出。等地铁和等电梯的时间真是白白浪费了，所以我会用来看书或者回复邮件。现在非常方便的是智能手机和 Kindle 以及互联网。

智能手机是利用零碎时间不可或缺的物品。用手机回复邮件以及处理简单的工作，都可以利用好零碎时间。这样一来，就可以把完整的时间用于重要工作以及学习上。另外，在 iTunes 等的云服务里下载英语广播，就可以进行听力练习了。

Kindle 等电子书里收录了很多书，加上非常轻便小巧，所以阅读效率很高。无论是纸质书还是电子书，如果能利用零碎时间一点点阅读，无论你有多忙，一周时间也应该能够阅读完毕。

如果有几十分钟的零碎时间，就可以在咖啡馆或者接待室等地，打开笔记本电脑或者平板电脑，连接到互联网，准备一下学会报告、写一下论文或者书稿。

但重要的是，一旦有零碎时间，就要"马上"拿出这些工具（降低交易成本）。从这点上来说，我推荐大家把小巧、轻便的工具时常带在身上。

有效利用办公室和家里的零碎时间

在办公室工作的时候，如果有 5 分钟零碎时间，可以用来确认一天里的 TO DO 清单、删除垃圾邮件。如果有 10 分钟，可以用来整理办公桌、签文件、回复邮件等。如果有 20 分钟以上的时间，可以用来构思报告、演讲的框架等。即使稍微准备一下，之后的工作效率也将大大提高。

不仅仅在工作场合，在家里也可以有效利用零碎时间。如果有 5 分钟，可以列出今天要做的事情、制作购物清单。如果有 10 分钟可以用来叠好清洗的衣物。如果有 20 分钟可以用来打扫卫生。这样一来，原本用来叠衣服、打扫卫生的时间就可以用来工作或者学习了。

一天内的零碎时间整合起来也是相当惊人的。把这些时间投资到重要的事情上，投资给自己以及用来完成目标，将会产生良性循环。

■ **重点**：要做好准备，一旦有零碎时间就马上开始学习。

16. 周末不安排学习

对于忙碌的商务人士和医生来说，有人会将周末时间用来学习。但是，我无法把时间集中在周末来学习，因为效率太低了。

平日里不学习，计划在周六集中 5 小时、周日集中 5 小时来学习。采用这种学习方法后，我终于明白我们根本不可能一直集中注意力。

如果在书桌前坐 5 个小时，中途就会看看 Facebook、上上网。而且，平日里忙于工作的人，累积起来的疲惫可能会令你在周末沉沉地睡去。如果采用这种学习方法，无论到什么时候都不可能有进步，最后只能是受挫。

相比这种方法，每天学习 2 小时更能集中注意力，从忘却曲线来看，这也更有利于深入记忆。最重要的是，要相信自己能够坚持每天学习。

肌肉锻炼也不能只是周末进行，每天锻炼才是最佳选择。学习也一样，不能只周末进行，我建议大家要每天学习一点点。

这样一来，周末就可以做感兴趣的事情或者陪陪家人。

当然，考试前等时间段还是必须要短期集中注意力强化学习，所以一切都非绝对，但应该把"不能将学习时间都集中到周末"作为学习方针，最后一定能"多"学习。

■ **重点：和锻炼肌肉相同，每天学习一点点。**

17. 减少消遣时间

为了有效利用时间，在高效率使用零碎时间的同时，还要注意减少消遣时间。

所谓消遣时间，是指"注意力分散"的时间。也就是说，**减少一天中注意力分散的时间，提高有限时间里的注意力，从而提高学习和工作的效率。**

一天中，有多少消遣时间？办公室里，消遣时间的出现频率很高。工作中收邮件、和同事说说话、受邀抽根烟等，都是最好的例子。

这些例子中的每一项都可能不是在浪费时间。但是，在这样的过程中，注意力被破坏了，所以如果一天内有10次消遣时间，可以说，浪费掉的时间只会成倍增加。

减少这种消遣时间，生产率和效率都将得到戏剧性地提升。下面，我们来看一下具体的应对方法。

① **邮件**

邮件是非常方便的工具，但同时也是分散注意力的最大原因之一。回复邮件浪费掉的时间并不能称为生产性浪费。

关于这点，我的建议是确定好处理邮件的时间。上班路上、午饭时间、回家之前等，利用一天中注意力不集中的时间来处理邮件。在去上班的地铁里除了看书能做的事情很少，午饭时也可以一边吃便当一边回复邮件。另外，疲惫不堪、效率下降时，或回家之前，也可以回复邮件。

相反，刚上班和上午是头脑最为清晰的时候，最好不要处理邮件。这个时候是注意力集中的黄金时间。应该分配给那些具有创造性的工作，最好能暂时关闭邮件通知功能。震动和铃声都是分散注意力的重要原因。

不要让自己来配合邮件，而应该把邮件安排到自己效率低下的时间段来处理。

② 上网

近年来，书案工作基本都靠电脑来完成。但是，稍微注意下就会发现上网、浏览社交网站都在一点点儿地浪费时间。

为了集中注意力学习和工作，首先应该做的就是关闭网页、退出社交网站。这样一来，因为关闭了浏览功能，就能防止一心二用。最近，出现了能够拦截社交网站的应用软件，请一定灵活使用这种高效软件（如 Safari 具有限制浏览功能）。

我的智能手机和笔记本电脑从早 9 点到晚 9 点，限制登录任何社交网站。自己想主动发信息的时候，偶尔也会使用一下，但绝不会浏览那些和自己意志毫无关系的社交网站，浪费时间。

③ 同事

关系要好的同事，时不时地会成为消遣时间的来源。明明不想抽烟，但也会在同事的邀请下去往吸烟室；明明并不口渴，但在同事的邀请下可能会去喝杯咖啡……你是否也有过这种经历呢？

这种情况下，如果你在公司有自己单独的办公室，只要关上门即可。如果没有自己单独的办公室，就可以戴上耳机做出听音乐的样子，以此创造出不被打扰的环境（当然，并不需要真的听音乐）。

另一种方法是，改变工作场所。空空的会议室、图书馆以及附近的咖啡馆都是很好的选择。重要的是我们能得到什么，所以无须拘泥于场所本身。

像这样努力减少消遣时间，将其减到最少，才能保证充足的生产时间。

■ **重点：彻底消除妨碍专注力的主要因素。**

18. 养成专注的习惯

前面介绍了有效利用时间的方法，接下来谈一下提高专注力的方法。人的专注力最高可持续 20 分钟，但是也有能够不断提高专注力的方法。如果能提高专注力，就能够实质性地提高时间密度。

提高专注力的有效方法是"习惯"，形成固定的动作。

运动员身上经常会表现出这一点。著名的棒球选手铃木一郎在击球区一定会采用固定的姿势。网球选手拉斐尔·纳达尔在发球之前一定要整理裤绳、把头发捋到耳后、摸摸鼻子、擦擦球。2015 年橄榄球世界杯选手五郎丸的动作，也是固定的习惯性动作。

像这样**通过习惯让大脑做好行动的准备，自然而然地就能提高专注力**。学习和工作也一样，要将提高专注力的习惯固定化。

工作前必须喝杯咖啡也是一种习惯。通过喝咖啡，让大脑切换到工作模式。

医生在手术前都会洗手。主要目的当然是减少病菌和感染，但目的不仅仅如此。手术前，通过执行这一习惯性动作，我们医生的大脑会切换到手术模式，以提高专注力。

和习惯同样重要的，是制造提升成果的观念模式。

我找到了能够高度集中精力、不断完成需要灵感和创意的工作的方法。

比如，需要创意想法的时候，我会丢掉电脑，在一张大白纸上手动书写。这样做，就能够摆脱电脑屏幕的限制，习惯于创新。实际上，我曾经通过这种方法产生过非常好的创意，从此之后便一直采用这种方法。思考论文大纲、开创新的事业时，这种方法非常适合我。

另一种方法是，改变姿势和环境。

我经常在天花板高的地方、无拘无束的优雅咖啡馆里呼唤自己的创意思维和想法。有研究表明，在咖啡馆里听音乐能够提高创造性。另一方面，戴着耳机听音乐、在单独的房间里学习来提高专注力的时候，能够使物理上的感觉更加敏锐。

因为我喜欢音乐，所以会根据工作内容播放不同的背景音乐。想提高紧张感和动力时，就播放节奏感强的音乐；想集中精力时，就播放和咖啡馆里一样的爵士乐和古典音乐；想放松一下的时候，就播放令人怀念的日本音乐。特别是听到超级喜欢的日本摇滚乐队 Mr. Children 的音乐时，心情就会非常放松，脑海中会不断浮现出好的创意。

像这样，有意识地养成提高自身专注力的习惯，非常重要。

努力养成专注时使用的习惯和观念模式吧，通过形成固定动作来提高专注力，令学习和完成目标更加高效。

■ **重点：养成提高自身专注力的习惯。**

19. 避免一心多用

多重任务处理（一心多用）来自"电脑同时处理多项任务"，指同时处理多项工作。

虽然很多人认为，擅长一心多用就能够缩短时间、提高效率，但我并不推荐这种方法。这是因为，一旦改变了工作内容，就会浪费掉将专注力提高至顶点的时间。

当然，人类的专注力持续时间有限，所以我非常赞成当专注力达到极限的时候去做别的工作。但是，我认为大多数情况下，**创造性高的工作需要更高的专注力，这时一心多用将无法达到很好的效果。**

如果是查阅邮件、资料签字等不费脑子的工作，即使一心多用也能处理得非常顺利。但是，像写论文和写书等需要高度专注力和创意思维的工作，并不适合一心多用。我在处理这些工作的时候，如果需要两个小时，就会留出两个小时的时间，创造一个能专注于一项工作的环境。

生活中，一心多用的弊端也非常明显。

众所周知,《道路交通法》规定严禁开车时使用电话。另外,研究表明,因处理邮件和打电话造成专注力低下时,商务人士的 IQ 会和吸食大麻之后一样低。

在通过 MRI 测量一心多用时大脑血流量的实验中,一改变工作内容的时候,额叶的血流量会比平时升高。也就是说,这一血流量的升高成了瓶颈,带来的结果就是大脑负担加重、工作速度下降。

我学习的时候,首先会通过治疗类选法确定优先顺序。之后,会针对前面的 20%,按照优先度的顺序来处理各项内容。**重点在于必须集中精力一个一个地处理。**书桌上和电脑里的资料也需要集中到一个文件夹中,全力排除一切杂念。如果途中想看看邮件或逛逛社交网站,我会做个深呼吸,对自己说"稍等,完成这个再说"。

一心多用并不会提高效率,却可能降低工作速度以及诱发错误。学习和工作中需要专注力和想象力时,不要采用一心多用的方法,而要专注于单项任务。

但是,根据使用方法的不同,一心多用也会节约时间。比如,早餐会议、午餐会议、晚上的聚餐、用走路的时间处理邮件等。用餐时不需要集中注意力,所以就可以专注于对话,走路时不需要集中注意力,就可以专注于邮件和读书。

像这样赋予时间一定的厚度,正是一心多用的优势。然而,像学习这种需要专注力的行为,就应该专注于单项任务。

■ **重点:根据学习和工作的种类不同,区分使用多重任务处理和专注于单项任务。**

20. 理解专注的生物钟

"考试之前，总觉得提不起精神学习。"

"不到最后期限，就没有动力。"

估计大家都有过这样的情况。而且实际上，在"距离考试还有一周时间""明天是交报告的最后期限"等时间紧迫的情况下，大家才会集中精力拼命地学习。

当然，制订好计划、留出足够的时间学习，也能实现高效率，也能展现自身的实力。然而，**准确把握自己的"心理截止日期"，也非常重要。**

比如，考试前3天，我的专注力会成倍增加，3天的时间里我都会精力充沛地学习。因为这种状态往往出现在考试前3天，所以在制订自己的学习计划时，就需要考虑"心理截止日期"。但反过来说，不临近考试日期，我的专注力就无法达到最强。

所以，我会**同时拥有几个目标，同时处理几项工作**。如果有多个目标和工作，就能够在截止日期前，一个一个地完成。通过这种方法，才能够让专注力常常保持在最佳状态。

当然，我不建议将不同工作和目标设置成相同的截止日期。

因为这只会像前面讲述的那样，一心多用而造成专注力下降。

截止日期迫近时，专注力之所以会成倍增加，从医学角度看，是因为人体分泌了去甲肾上腺素这一交感神经荷尔蒙。交感神经处于优越状态下，人的专注力就会增强。

经常赶不上截止日期、对考试准备不充分的人，都是因为没有把握住自己的"心理截止日期"。如果能正确地理解专注力增强的时期，就能正确地制订考试的学习计划以及工作计划。

在稍微忙碌的情况下，学习才能顺利进行。如果你能同时处理几项工作，同时拥有几个目标，就一定能够持续保持高度的专注力。

■ **重点：正确掌握什么时间、什么状态下才能最好地发挥自己的力量。**

21. 通过睾酮提高专注力

提升专注力和记忆力的荷尔蒙中,知名的有男性荷尔蒙睾酮。睾酮减少,认知能力将无法维持,动力下降。

据说,通过保持自信的状态,能够增加睾酮的分泌量。

在重要面试和会议之前,我都会全神贯注地在镜子前站立几分钟。因为通过这种方式,可促进睾酮的分泌,保持高度的专注力。

在 MBA 面试之前,我提前赶到考场,在厕所的镜子前久久凝视着镜子里潇洒而充满魅力的自己。

我们平时就应该用心保持能够增加自信的姿势,可能会有意外的收获。

学习中,应该时刻保持有人监督的状态,保持良好姿势。这样一来,记忆力和专注力都会成倍增强。

有人在咖啡馆学习时就能集中注意力,也正是由于这一原因。

■ **重点:保持自信高涨的姿态。**

22. 设定期限

如果不断延长学习目标的完成期限，渐渐地就会越来越娇气，明年复明年，往往会拖延无期。每年都会举行的资格考试更是如此。

所以，重要的是要**在短期内集中精力去学习**。

对我来说，考商业学校的准备时间只有到美国后的半年时间。

我研究决定，留学时间最长就是3年，所以如果留学第一年不能考上商务学校，毕业之前就无法完成需要2年时间的商业课程。因此，无论如何，第一年都必须考上。

如果错过了这一次机会，就无法实现在美国考取MBA的目标。在这种危机感的基础上，我在短时间内集中精力学习英语，不断练习写文章、取材。

像这样，**设定学习期限有助于提高专注力**。

备考、准备资格考试，要设定期限，在短时间内集中精力扫除一切障碍。

■ **重点：短时间内定胜负是实现目标的诀窍。**

23. 控制困意

上午是我头脑清晰的时间，这段时间的工作效率最高，工作最顺利。另一方面，午饭后开始困倦，工作也无法按照自己的意愿顺利进行。

怎么做才能消除午饭后的困意，提高学习和工作的效率呢？

在哈佛大学的生活中，**我常常推迟午饭时间。这是为了延长上午能集中注意力的时间。**而且，通过减少碳水化合物的摄入量，能有效防止饭后的困意。另外，午饭后往往会安排不用动脑子的实验。

接下来，我们一起看一下关于饮食和记忆力的医学讲解吧。

饭后困意来袭的原因有两个。一个是为了消化食物，血液集中到消化器官，流向大脑的血液循环减少。

另一个原因是饭后的低血糖。低血糖是指血液中葡萄糖不足的状态。葡萄糖是大脑活动不可缺少的成分，所以低血糖会造成大脑活动低下而产生困意。因为吃饭时血糖值上升，所以降低胰岛素这一血糖值的荷尔蒙会分泌过剩，带来的结果就是低血糖。

饭后血糖值之所以上升是因为碳水化合物中含糖物质在体内

急剧消化、分解，转化为葡萄糖。所以，**如果注意午饭中碳水化合物的摄取，就可以调节饭后的胰岛素分泌。**

在食用富含碳水化合物的咖喱饭、拉面、面包、乌冬面等食物之前，最好先食用蔬菜。通过先食用蔬菜，可以减缓血糖值上升。另外，请注意拉面、乌冬面和饭团等**精致碳水化合物也是血糖值上升的原因。**

为了提高工作效率，需要调整自身状态。通过在饮食上关注血糖值，可以有效预防饭后困意，提高一天的生产量。养成好的生活习惯才是取得良好成果的秘诀。

■ **重点：摄入碳水化合物之前先吃蔬菜。**

24. 将健康管理进行到底

消灭情绪波动

无论是谁，多多少少都会出现干劲十足的时候以及颓废无力的时候。这就是情绪的"波动"。但是，为了挑战更大的目标，我们需要尽早认识到，这种波动会成为阻碍。

为了不引起这种情绪波动，我一直不敢有任何松懈。这是因为，一旦度过一次颓废无力的日子，若想追回落下的计划，就需要花费几倍的时间，甚至可能因为这一次颓废而开始毫无生气的生活。这样一来，好不容易树立的目标也将无法高效率达成。

消灭情绪波动的关键在于"不以他人的评价来定自己的悲喜"。大多数人的干劲往往会受到周围评价的影响。然而，他人的评价会随着时间的推移而变化。既有像毕加索那样，有生之年即能收获好评的人，也有像凡·高那样，过世后才收获好评的人。他人的评价很容易发生变化，所以不要被这些评价左右。

另外，有人对自己的感情变化非常敏感。当我感到非常疲惫的时候，并不会勉强自己继续工作。即使勉强自己继续工作，一旦身体进入疲劳状态，工作效率也会下降。

这种时候,我会果断地早点休息。而且第二天早上会尽早起床工作,或者用两个小时来打自己喜欢的网球,以转换下自己的情绪。通过这种方式,就能够控制自己的情绪波动。

为了能够继续学习,我们要消灭情绪波动。

别像优秀的人那样加班

聚精会神地学习,结果却造成身体变差而无法保证学习时间。你大概也有过类似的经历吧!

哈佛实验室里优秀的人都会在固定的时间回家。有时候是上午,有时候会在更早的时间回去,回家的时间都是比较固定的。

平日里敬重的一个同事在23点的时候一定会回家。后来,我也会勤勤恳恳地工作,但这种工作时间不可能一直坚持下去,某一天身体就会支撑不住。

为了追求长久的成果,身体管理非常重要。很明显,**我们不应该一直孜孜不倦地学习,制定期限、集中精力才能达到更好的效果。**

像这样保持身体健康和心理健康的平衡,将每天的时间固定下来,才是保持学习持续性的关键。

将休假写进计划中

会工作和学习的人中,十有八九都是擅长游玩的人。为了更顺利地学习和工作,释放压力、实行张弛有度的时间安排也非常重要。

如果只是一味地学习或者工作，不仅效率上不去，连游玩的时间也无法保障。

商务学校的同事会在考试的第二天开始海外旅行，哈佛实验室的研究员会在提交论文后直接进入休假模式。

这是因为，提交论文后还需要等待第三方对论文的审查，必须等待 1~2 个月。事先掌握好提交论文的时间，就可以完美地安排休假时间。

这就要求我们必须具有优秀的行程管理能力。如果计划有变，旅行计划也必须跟着改变。但是，如果能按时提交论文，确保休假时间，就可以在明知不会有任何工作安排的前提下，堂堂正正地、悠闲地度过假期。

像这样擅长管理时间的人就可以兼顾学习、工作和游玩，保持良性循环。你也试着实行张弛有度的时间管理，及时消除精神疲劳和身体疲劳吧！

■ **重点：擅长管理时间的人可以兼顾工作、学习和游玩。**

25. 有意识地留出清扫时间

平日里，我回家之前都会把办公室的办公桌打扫干净。这样一来，第二天来到办公室时，就能在充满活力的早晨这一重要时间段全力以赴地工作。

重要的是要"**有意识地留出清扫时间**"。平时要养成清扫的习惯，将打扫办公桌划到日常事务范围内。

即使在哈佛大学的研究室，每个月也会有固定的清扫日，以此来保持研究室的清洁，并提高生产性和创造性。这样做大大提高工作和学习的效率、减少了浪费在打扫卫生上的时间。

"在考试前一天打扫卫生。"

我经常听到这句话。考试之前打扫卫生是在浪费时间，但开始学习之前打扫卫生可以创造干净的环境，具有提高专注力的良好效果。

打扫卫生还有其他优点。那就是**能够发现忘掉的学习和本不该输掉的工作。**

打扫书桌周围可能会发现遗漏的资料，清理电脑内容可能会发现忘记回复的邮件以及接近截止日期的文件，防患于未然。即使为考试做准备的时候，打扫卫生时可能会发现遗漏的考试范围。

像这样保持不同于平日打扫卫生时的状态，就有机会发现存在的问题。清扫并非浪费时间，而是能够提高效率的有效时间管理方法，这一点非常重要。

■ **重点：保持不同于平日打扫卫生时的状态，就有机会发现存在的问题。**

26. 将 10% 的时间用于新事情

你知道谷歌非常有名的 70/20/10 分配法则吗？

70% 的时间为核心商务时间（谷歌的检索和广告业务），20% 的时间为核心商务时间的延长（谷歌的 Gmail 等），剩下的 10% 的时间全部用于新项目。

谷歌通过保持工作比例来维护公司的弹性和融通性，常常产生新的创意和商业战略。

那么，如何才能保证 10% 的时间呢？

本职工作当然不能有任何疏忽。谷歌将 10% 的工作时间当作公司奖励送给员工，但我们并不能像谷歌这样，所以只能**减少浪费，有意识地将 10% 的时间用于本职工作以外的事情。**

如果每周工作 40 个小时，10% 就是 4 个小时。每周分为 5 个工作日，一天就是 48 分钟。每天将 48 分钟用于本职工作之外的新领域。

如果每天不到 1 小时，只要有效利用空闲时间就能轻松挤出这一时间。重要的是要用于本职工作之外的领域。

如果你的工作是金融，读一读医学方面的书可能会更好。我不仅会看眼科论文，也会看其他学科的相关论文以及商业和科学等方面的案例。只看商业书籍的人，最好也挑战一下文艺书和历史读物。

另外，和本职工作之外的人一起度过 10% 的时间吧。以每周一次为标准，和不同行业的人共同进餐或者喝茶，以此来高效地了解其他行业的动向。

将 10% 的时间用于平时不做的事情上，也非常不错。挑战新的运动项目，可能就会了解和这一运动相关的商业结构。

我们有时可能会懒得去想新领域的事情，但请"有意识地"将 10% 的时间投资到本职工作之外的事情上。这么做，将有效避免被困于已有的框架内，有效地开创新的创意并构建新的人脉。

■ **重点：崭新的想法来自 10% 的时间。**

Summary 2

概要 2

11. 适当进行时间管理
12. 将复利的思考方式引入时间管理
13. 通过治疗类选法确定优先顺序
14. 为了效果显著，需熟练安排时间
15. 巧用零碎时间
16. 周末不安排学习
17. 减少消遣时间
18. 养成专注的习惯
19. 避免一心多用
20. 理解专注的生物钟
21. 通过睾酮提高专注力
22. 设定期限
23. 控制困意
24. 将健康管理进行到底
25. 有意识地留出清扫时间
26. 将 10% 的时间用于新事情

INTERVIEW ❶
——挑战世界的人采访记录一

顺天堂大学医学部心脏血管外科教授
天野笃

天野笃教授是顺天堂大学心脏血管外科教授,是日本首屈一指的心脏血管外科医生,是非体外循环冠状动脉搭桥手术第一人。我们来看一下他是如何挑战自我的。

天野笃教授是如何成为世界首屈一指的心脏血管外科医生的呢?

我彻底消灭了手术中的无用功。通过术前认真的图像诊断来制订精密的手术计划,有效地缩短手术时间。像这样消灭掉手术中的无用功后,就可以为更多患者服务,手术技术也得到了有效提高。

通过彻底消灭无用功,将手术流程固定化,即使在手术难度高的病例中也能集中精力攻破高难度的技术。那么,对于天野笃教授来说，什么才是真正的突破？

这些只不过证明了我之前的努力而已。即使在自己从未遇到过的病例手术中，也能毫不犹豫地努力前进的时候，才算突破。

另外，掌握了张弛有度的判断力时，有一种攻和守的感觉。当万念俱灰的时候，感觉就像脱掉一层皮。

心脏血管外科一定很忙，您一定很难抽出时间来处理个人的事情。您又是如何进行时间管理的呢？

确定优先顺序，再根据排序来改变自己的计划。另一方面，作为医生必须有基本的职业道德，所以工作中也会有意识地阅读一些书籍。这是因为，如果不知道这些，不知不觉间就会伤到患者或者让患者感到不愉快。

当然，心脏血管外科非常忙，很难保证有固定的时间，但是，即使这样，也能通过整理周边环境而将不可能变为可能。我认为，仅仅了解医学，根本不可能从真正意义上来理解患者的心情。

让您不断成长的秘诀是什么呢？

不制造矛盾。这样一来，就能得到周围人的支持，并且能够不断成长。另外，重视人际关系，不要只为了自己好，我们还要努力给集体、给周围的环境带来良好的影响。这么做的好处最终还会回报到自己身上。我认为，孜孜不倦地为集体和同僚奉献自己的力量是我现在的使命。

最后，天野先生能否告诉我们您现在正在挑战的是什么？

我想在最合适的时间里，减少无用功、为患者提供最高级别的医疗。所以，我一直在重点考虑长期的成果。将经验合理化、为患者提供更高品质的医疗。但我认为这并不一定需要达到最高级别。

最近我去印度进行手术观摩学习。在日本进行搭桥手术花费的费用大约300万日元，但在印度大约需要8万日元。如果仅需8万日元，治愈后通过工作很容易就能挣回来。但是，要想挣到300万日元就没那么容易了。越廉价越低质量的年代早就已经结束了。我想为患者提供的是快速、低价、高效的医疗。

■ 天野笃 简历

顺天堂大学医学部心脏血管外科教授。1955年出生于琦玉县莲田市。1983年毕业于日本大学医学部。于NTT东日本关东医院进行临床进修后，成为龟田综合医院的实习医生。1989年升任同医院的心脏血管外科的主任医师。1991年就任新东京医院心脏血管外科部长。1997年在新东京医院的手术案例达到493例，冠状动脉搭桥手术的案例数达到全日本第一。2001年4月就任昭和大学横滨市北部医院循环器中心负责人、教授，并从2002年7月任职至今。2012年2月在东京大学医学部附属医院为天皇主刀冠状动脉搭桥手术。兴趣是高尔夫、网球。

PART 3
卓有成效的人的学习技巧

为了在繁忙的工作中保持竞争优势，取得良好成果，相比头脑好坏、有无能力，更重要的是学习方法和时间管理。

但是，学校并不会教我们学习方法和学习技巧。而且，我们必须注意到，这些基本上都需要自成一派才好。大多数的情况都是"因为自成一派的学习方法碰巧顺利执行，才能够获得良好的业绩"。这绝不是什么坏事，但阅读各种书籍、向身边的各路前辈取经，如果能通过这些方法领悟到适合自己的学习技巧，无论你的智商高低，都将取得重大成果。

本章将在LEAN思考方式的基础上，介绍能减少生活中的无用功、优质地分配自身时间和能量、在重要的工作和学习中取得最大成果的学习方法。

不要执着于之前的做法和自己的做法,请一定尝试一下在本章学到的方法。通过学习取得重大成果的人,都是能从容不迫地接受新习惯的人。为成绩和业绩增长而烦恼的时候,请一定尝试挑战新的习惯和方法。保持挑战新事物的低门槛是取得重大成果的重要因素。

27. 将"LEAN"思考方式引入学习
——LEAN 学习法①

无论我有多忙,我都从来没有拒绝过友人的邀请,也从来没有想过要放弃对新事物的挑战。我从中学开始就喜欢网球,到现在,21年从未间断过。成为医生后,写博士论文期间、考眼科医生资格证期间、准备海外留学期间都从未放弃过。

实际上,我这种兼顾爱好并不是现在才开始的。学医的时候,我不仅是医学部的网球成员,还是体育部的网球成员,每天都在练习网球。但是,这并没有成为我疏于学习的理由。练习结束后会立刻到图书馆学习。研究生期间的成绩是GPA3.8,还获得了东日本医科学生团体体育运动会一等奖,并参加了全日本学生运动会选拔赛。

像这样兼顾多项事物的过程中,我往往会做好一项心理准备。那就是**尽量减少"无用功",通过高效率挤出更多时间**。这种思考方式被称为"LEAN"。

LEAN是丰田汽车总结出的用于生产过程的高效率思考方式,被美国麻省理工学院的专家们命名为LEAN,意思是去除无用功,改善业务的方法。LEAN是来源于制造业的思考方式,但这一思考方式的本质是对事物的看法。

而且，在 LEAN 思考方式中加入了我个人的独特精髓，应用在学习法上，即形成了 LEAN 学习法。

LEAN 学习法大致分为 5 个概念（如下图）。

① **"将目标可视化"**，明确"应该做什么"和"不能做什么"。

② **"减少无用功"**，挤出时间，聚焦于应该做的事情上。

③ 不断 **"改善"**，锤炼学习过程。

④ 将这一过程 **"习惯化"**。

⑤ 以长期展望为基础的同时发现 **"小胜利"**，保持高昂的动力，形成 LEAN 的良性循环。

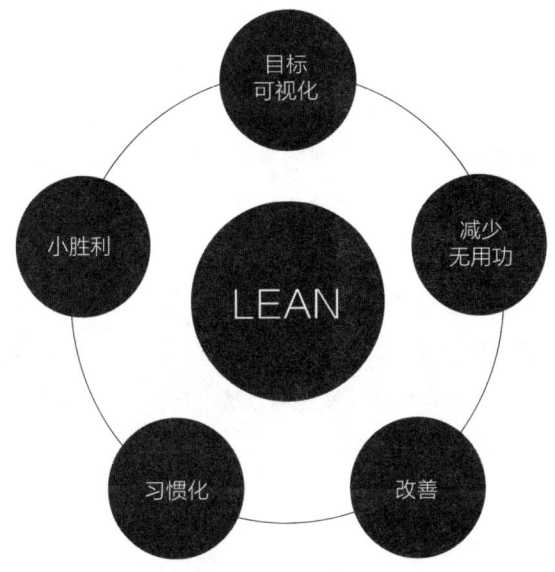

LEAN 学习法的 5 个要点

创造这样的环境，就是LEAN学习法的精髓所在，这对于高效率地取得最大成果非常重要。

学习和工作最重要的是效率。特别是既要工作、研究或者照顾家庭和育儿，又要为掌握新知识而学习时，我们就需要实行高效率的做事方法。但是，在学校我们不可能学到这种高效的学习方法和时间管理术。

通过运用LEAN学习方法的框架，我们能够**消除生活中的无用功，高效率地分配自己的时间和能量，在重要的工作和学习中取得最大的成果。**

为了在繁忙中保持竞争优势，为了取得良好成果，相比头脑好坏和有无能力，更重要的是学习方法和时间管理。

LEAN学习法是挑战世界时极为有效的方法，不仅对于像我这样的医生，我相信，对于平日里工作繁忙、想要升职的商业人士，也同样可行。

LEAN学习法的关键在于面向自己的目标，保持基本方向不变，发现问题、设立计划、严格执行。最后，通过改善自身习惯，培养创造智慧的能力以及改善能力，挤出时间，提高生产效率，创造出属于自己的竞争优势。

首先是"尝试"

LEAN学习法中最为重要的是"尝试"。

现在社会变化快，停滞不前就等同于后退。企业也好，个人也好，如果不能不断变化，就不能获得持久的竞争优势。我们需要**习惯在变化中成长**。为此，我们最先应该做的，就是万事都要实践。

只要是别人教给我的、我自己看着不错的习惯，我一定会尝试一次。看商业书籍了解到的好想法，我会吸收消化。如果看到新设备的使用方法以及信息管理方法，我会亲自尝试。在此基础上，判断其是否适合自己，然后再进行取舍。通过这种方法，就能一点点地改善自己的习惯。

改善绝无任何特别，只要在日常生活中稍加留意和思考即可获得。

通过对 LEAN 学习法的实践，掌握改善的具体流程，并加以坚持，就能掌握达成目标、挑战世界的捷径。

■ **重点：相比有无能力，更为重要的是学习方法和时间管理。**

28. 将目标和任务可视化
——LEAN 学习法②

在 LEAN 学习法中,为了减少无用功,集中精力做该做的事,我们需要重视"**将目标和任务可视化**"。

通过将目标可视化,能够整理自身该做的事情以及该完成的任务,并加深对此的认识,就会激发无论如何也要达成目标的持续动力。这样一来,将更容易付诸行动。

人是一种希望让所有人都觉得自己好的动物,所以通过可视化,就一定能达到"无偏差的状态"。通过让周围的人知道自己的目标,可能会收到更多合作者的支持,也可以和拥有共同目标的人相互切磋。

重要的是,自己的内心一定要坚持自己的目标,坚持这一良性循环。这样一来,自然就会实现越来越多的目标。

像这样为了高效率地完成目标,不仅让自己,也要让其他人看到、看懂,让自己的目标和任务可视化。

将目标可视化、定位化

如果要把目标可视化,就将目标张贴于固定位置,随时可见。

将自己设定的目标和任务张贴在固定位置，就可以随时进行确认，保持高效和持续性。

我将 10 年期的目标写在笔记本上，把每天应该做的工作和目标保存在智能手机上。

即使是自己确定好的目标，在日常工作和生活中也可能会忘记。所以，将目标可视化、定位化，无论何时都能确认自己应该做的事情，就具备了不把时间用到无用事情上的环境。

我将 10 年期目标记录在笔记本上是有原因的。这是因为电脑和手机虽然方便，但如果不搜索旧数据，不追溯以往的信息，就无法看到曾经的记录。

目标记录被深深地埋没在山一样的数据中。然而，在笔记本上，我们轻易就能看到，并很容易同前年的目标相对比。

我每年都会更新目标。对于整理自己的思路，写在纸上保存下来，会起到重要的作用。所以我强烈地向各位推荐这一方法。

将目标可视化、定位化的具体方法如下：**设定 10 年期目标，像 PART 1 第 5 节讲述的那样定期更新简历**。通过 10 年期的目标来把握自己长期的视野，通过更新简历来把握自己短期内的成长。

■ **重点：将目标可视化，无论何时都能确认自己该做的事情。**

29. 通过波纹效应增加动力

为了更接近可视化的目标,波纹效应(Ripple Effect)这一思考方式也非常有效。

波纹效应,又称波及效应,是指小石头落进水面的时候,能看到向外扩展开来的波纹。

你可以在网上或在朋友面前发表你的目标宣言。如果朋友们觉得"不错啊",之后在朋友之间会产生波纹效应,你的目标也会不断扩散。通过这种波纹效应,你设定的目标也得到扩散,所以为了完成这一目标,你的动力定会成倍增加。

2014年,针对肌萎缩侧索硬化症(ALS,俗称"渐冻人")的一项公益活动——冰桶挑战,在脸书和推特上迅速蔓延,人们再次认识到了社交网站(以下称"SNS")的爆发性扩散力。像这样利用SNS的波纹效应具有非常好的效果。

这样一来,周围越多人知道你拥有什么目标,你应该就有越多的工作和奇遇。

除了脸书,你也可以利用面向专业人士的LinkedIn这样的SNS,通过将你正在做的事情以及感兴趣的事情可视化,就能够

卓有成效的人的学习技巧·PART3

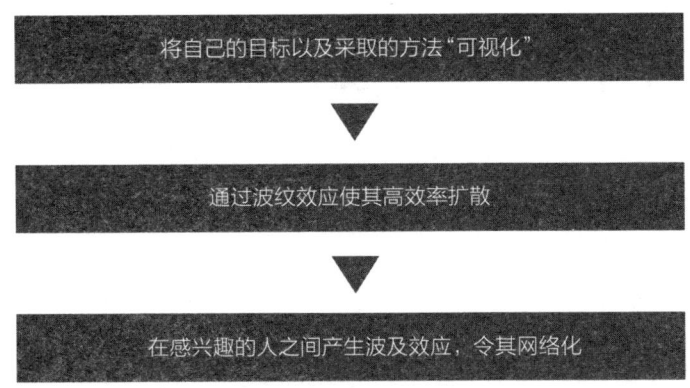

达成目标和波纹效应

得到平时无法获得的信息。

实际上,我在博客和 LinkedIn 上也有过很多珍贵的经历。比如,LinkedIn 上会有人问我眼科相关新药的调查话题,有人为我经营的社团机构 Japan Global Medical Career Support (JGMS)联系赞助等。

如果能像这样创造出如上图所示的良性循环,真是振奋人心的大事。

通过波纹效应,不仅能提高自身的动力,还能获得平日里无法获得网络力量。

■ **重点:对外公开自己的目标,具有众多好处。**

30. 不过于追求完美

我们会经常看到在工作和学习中追求完美的人。

当然，最终应该是能获得完美的结果。然而，如果从一开始就拘泥于完美，当遇到困境举步维艰时，当修正错误以及缩小同现实的差距时，往往会花费超出计划的时间，很难顺利得到想要的结果。

所以，我常常会牢记一句话，"首先以完成80%的目标来努力"。这样的话，即使临近最终阶段时被上司否决，也还可以修改。如果刚开始就用掉100%的时间，修改又需要花费很多时间。

即使是学习，过于追求完美，还没有复习完所有考试范围内的知识点就迎来了考试的日子，一定有人有过这样的经历吧。

首先，我会迅速地将考试范围内的知识点从头到尾看一遍，即使记不住也没关系。之后，再重点复习难的内容和重要的内容。

掌握了必须学习的总内容，可以减少无用功，高效率地学习。如果考试前还有多余时间，再以追求更高分为目标，也未尝不可。**不以完美为目标，重要的是先快速地从头到尾看一遍。**

不是从开始就要求完美，而是以阶段性的 100% 的结果为目标。首先，以 80% 为目标，带着速度感来完成目标，以减少无用功时间，从而提高效率。

而且，这个时候必须在认识到进步的前提下继续努力。因为积累小进步能够增强动力，所以能够进一步产生好的效果。

■ **重点：相比完成度，更要重视速度感。**

31. 高效率学习真题集和教科书

学习，不能脱离考试。我成为医生之前，经历了必不可少的日本医师资格考试、专业医师考试等众多考试。所以，这里要讲一下我通过考试的学习技巧。

为考试而学习时，**首先从过去的真题开始**。这也具有了解题目倾向和氛围的意思，而且考试中出现的题目大多都包含了重要的内容。

如果站在试卷出题人的角度就容易理解，考试中，大多数题目都是希望考生记住的内容和重要的精髓部分。也正因为如此，考试中可能会出现和过去真题相同的题目。

所以，学习过去几年的真题，重点学习出题部分是高效率的学习方法。而且，一点点展开学习范围，就能不断打开知识面。通过解读过去的真题，也能高效率地认识到自己哪方面的知识不足。

最少要学习过去 3 年的真题，如果有时间的话，最好学习过去 5 年的真题。

学习了过去 3～5 年的真题后，就能掌握考试范围里最重要的精华部分。而且，靠自己的力量解答真题之前反复学习是高效率学习的技巧。

学习真题时，将时间重点用于自己理解不足的问题上

向大家介绍一下我解答真题时的做法。一次就能解答出来的问题标记〇，费了一番力气才解答出来的问题标记△，解答错误的问题标记×。

然后，复习的时候就会越过标记了〇的问题。如果第一次没看明白，也可以马上去看答案解析。第二次，首先靠自己的能力来解答标有△和×的问题。如果这次又解答错误，再标记一个×，如果第二次解答正确了，就在×上标记〇。第三次，只要重点解决标记有两个×的问题即可。

到现在为止，×增加的次数越来越少了吧？第四次，只要重复以上过程即可。

如果还有时间，就可以重新做一遍所有的问题。第五次的时候基本就能在短时间内解答出所有问题。像这样将时间高效率地运用到自己理解力不足的问题上，学习更能达到事半功倍的效果。

彻底理解权威教科书

开始学习时就解答真题，因为知识准备不足，刚开始一定觉得特别辛苦。但是，第一次解答结束之后，就会理解考试范围中的重要部分，对教科书的阅读效率也会得到很大的改善。

如果不从头开始按顺序学习，有的人会感到不舒服。可是，使用这种学习方法时，不重要的内容和不太重要的内容需要花费同样的时间，这样一来，学习效率会大大降低。**所谓改善学习，就是选择重要的内容，增强理解能力。**

另外，不要从不同的地方买各种不同的教科书。购买权威的教科书，一心一意地彻底学习理解这本书。

即使学习很多教科书，书中写到的重要部分也大体相同。好不容易记住了重要的内容，但买了新书后，重复学习之前已经记住的内容只是在浪费时间。

涉猎的书籍越多，浪费的时间越多，效率越差。购买一本教科书，彻底地学习理解才是关键。

■ 重点：主要把时间用于"考试范围的重要内容"和"自己理解薄弱的内容"。

32. 不从习题集的第一页开始

学习中需要优先顺序。已经理解的内容再学习多少次也毫无意义。繁忙的社会人士需要优先学习重要内容和不理解的内容。

为了确定正确的优先顺序，决断能力不可或缺。

比如，**我在做习题集的时候，会从重要的内容开始着手**，并不会采用从第一页开始这种方法。对于一次就能解答出来的问题，不会再做第二次。

虽然刚开始的时候从第一页开始解答比较好，但是第二次就需要具有重新解答错误问题的勇气。

也就是说，**如果每次都从第一页开始，往往会造成反复学习前半部分，而后半部分学习时间异常紧张**。在模拟考试中，如果有时间重新解答，从中间开始、再返回开头重新解答的学习方法将网罗所有的内容。

从头开始解答，毫无难度的问题只做一次。之后，重点学习不擅长的内容。这样一来，就能省去重复解答的无用功。

■ **重点：优先学习重要的内容和不擅长的内容。**

33. 巧用荧光标记

很多人在学习的过程中都会用到荧光标记。但是，有的人会因为使用了荧光标记，眼睛就只注意标记的地方，而无法把握上下之间的关系，因此无法完成学习。

仅仅做上标记，确实无法牢记内容。然而，这样做却增强了专注力。相比单纯看书，这种方法更有利于记忆。

使用标记，就相当于快读。（所谓快读，是指在阅读文章的时候，一边快速阅读一边高效率地将阅读内容里的重要部分捡起来，放到大脑中。）

我非常喜欢使用荧光标记，教科书被画得面目全非。一边做荧光标记，一边读教科书。第一次用黄色标记，快速阅读重要内容，做过真题之后，会用粉色标记再学习一次。

有两次标记的地方会变成橘色，所以橘色部分就是两次都认为是重要内容的部分。另外，解答过真题后，我会在用粉色标记过的地方重新发现其重要性。

这样一来，就能将重要内容总结出来牢记在大脑中。

■ 重点：通过边做标记边学习教科书，可以高效率地将重要内容牢记于大脑中。

34. 利用博客锻炼表达力

一方面,考试时我们需要写论文,另一方面,工作中也需要我们书写资料。对我们来说,书写能力必不可少。

而锻炼文章表达能力的方法,我推荐写博客和写日记。

文章简短些也没关系,但写的时候,请一定注意内容间的起承转合。给他人阅读的记事文章,需要简洁易懂,所以作者也能锻炼逻辑思维能力。

另外,为了写总结性文章,自己也需要充分理解这件事,所以写作的过程中,也能够磨炼自己对事物的理解能力。

如果每天都能写博客和日记,一年之后就会写出大量的文章。写博客和写日记的时间会更有效率,短时间内即可写成。

不知不觉间,文章的表达能力也会得到提高。

我从2012年留学哈佛之后开始写博客。现在回头看之前的博客,很多记事都让人深感羞愧,但是这些文章别人看后给予一定反馈,自己从中获得激励,同时也有助于提高文章表达能力。

另外,如果在网上用英语写记录,也是在练习英语写作。而且,看到朋友的回应,也能够确认英语表达是否通顺。

用自己的语言把自己理解的内容写成博客和日记，是提高表达能力的好方法。

说到底，不仅是论文，**连考试都需要将自己学到的内容表达出来**。学习的时候，要常常有意识地训练自己的表达能力。

■ **重点：练习用自己的语言将自己理解的内容表达出来。**

35. 每天跟进 TO DO 清单

我想，很多人都会将该做的事情制作成 TO DO 清单进行管理。

我也会在 TO DO 应用软件上写好任务清单进行管理，但很多人只是写出来，TO DO 清单一直得不到更新。

减少 TO DO 的诀窍是，**每天少量地更新 TO DO 清单的内容**。兴致低落的日子里也必须处理一下写在 TO DO 里的任务。

加入 TO DO 里有一项是"写论文"。因为写论文是一件耗费时间的难题，所以有时候可能会不想写。但还是要打开电脑，写上一行或者两行。做到这个程度后，如果还是提不起书写的兴致，便延续到第二天的 TO DO 清单里。

重要的是"即使少做点，也不能不做"。

无论是谁，刚开始做的时候都会花费大量时间。即使是好不容易建立起的学习计划，慢慢地也会失去动力。我认为，这是因为你还没有下定决心，所以才会拖延不决。

像这样兴致低落的时候，就要即使少做点，也不能不做。这是降低开始门槛的窍门。稍微提前开始，就能早日开始学习，就能高效率地完成目标。

这样一来,就可以防止 TO DO 中没有实行的项目堆积如山,也可以防止写进 TO DO 就万事大吉,而最后却没有完成。

■ **重点:即使少做,也不能不做。**

36. 用 FIFO 方法管理 TO DO

你听过 FIFO 吗？这是评估资产时用到的术语"First In, First Out"的简称，翻译成汉语就是"先进先出"。在会计学中，是根据购入时间的顺序来计算原价和列入资产的方法。

我整理学习和目标优先顺序的时候，就采用了 FIFO 这一方法。这里说的**"先进先出法则"是指不留任何库存的方式**。

如果工作能不做任何拖延，输入和输出的间隔被完全填满，结果一定会大大提升工作速度。在这样的环境下，更容易同时完成几项工作、同时达成几项目标。

TO DO 清单中，任务的旁边一定要写上任务开始时间和截止时间，并加以整理。

如果一边工作，一边学习，就会有必须要读的书或突然浮现出来的好主意等一个接着一个出现。这种时候，必须像"默记 TOEFL 单词（2015 年 11 月 1 日开始，2017 年 6 月截止）"这样记录下来。

这样管理 TO DO 的好处非常明显，记录下日期，什么时候设定的目标就会一目了然，所以也能更简洁地使用 FIFO 方法。将目标进行认真的分类以及设定好日期，会让你做事更高效。

这么做就具备了 FIFO 的环境。必须学习的内容和必须完成的目标是如何产生、如何管理、按照什么顺序完成，通过 FIFO 方法可以掌握所有的流程。只要具备了实现先进先出的环境，任务和工作自然能高效完成，浪费时间的状况也能得到更好的改善。

最后，也能同时完成几项工作和目标，取得良好的效果。

FIFO 方法

用"先进先出法则"管理 TO DO

LIFO 方法

FIFO 之外还有 LIFO 方法。这是"Last In, First Out"的简称，意思是"后进先出"。LIFO 是指留下陈旧的，让信息和工作随着时间逐渐废弃。

会计学上，相比 FIFO，LIFO 是通过资产列入的方式让公司处于有利地位。但如果是要完成工作和目标，只要没有特别的理由，我建议大家使用先进先出的 FIFO 方法来管理任务。

然而，有时候，**在学习上 LIFO 的效率更高**。如果是准备考试，就要从最后的课程开始学习。这是因为，最后听到的课程记忆更加清晰，所以，对于这一范围的，内容学习效率更高。

FIFO 并不适用于所有工作和学习，LIFO 也有适用的时候。但重要的是，通过着眼于时间的先后来管理任务，可以控制效率的高低。

■ **重点：管理学习的 TO DO 可以分为"先进先出"和"后进先出"。**

37. 在学习上不吝啬钱财

为了学习，我从不吝啬金钱。购买价格高昂的教科书，参加远方的学会活动，我忍不住会想，这都是对自己将来的投资。书也是对教养的积累，我会毫不犹豫地大量购买。

美国 MBA 的学费高昂，2 年高达 94,000 美元（超过 1,000 万日元），但我即使跟父母借钱，也要缴纳这笔费用。

为了节约而控制学习的支出毫无意义。因为没有知识，就无法掌握机智的用钱方法，最后只会招致损失。

从长远考虑，在学习上的花费，不仅能够增加知识和教养，还可能掌握资产的运用方法。另外，一旦掌握了和金融资产不同的知识和教养，必将受用一生。

学习开始得越早，效果越好。这是因为在复利的作用下，随着时间的推移，通过学习掌握的知识会加倍增长。

教育是最有效率的投资。投资到学习上的财富将来会获得成倍的回报。不要在学习上吝啬金钱，大胆地投资给将来的自己吧！

我不得不学习新领域的知识时，会一口气阅读 5 本相关书籍。

如果想研究某种疾病，也会读 4~5 本相关的论文。

这样一来，我就能掌握这一领域的基础知识和大致动向。

学习新工作相关的内容时，这种"**猎读相关书籍**"的方法，效率最高。

阅读相关书籍时，即使不一一分清哪里是重点，通读一遍也可以。这是因为哪本书中都会有重要的关键词，不知不觉间就会记住基础知识。

■ **重点：一旦掌握了知识和教养，将会受益终生。**

38. 形成资质

为了挑战世界，成为全球化的领导者，除目标管理、时间管理和学习方法之外，**还需要培育和掌握作为人的根基——资质。**

很遗憾，资质并不是天生的，也不是某一日突然就能掌握的。它是通过积累众多领导和管理经验，阅读大量书籍，在教养的过程中逐渐形成的。

作为人的资质，需要日积月累。临时抱佛脚的考试学习方法是不可能形成资质的。

教养非一日之功

学习方法的重点在于减少无用功，提高效率。本书也用大量的篇幅介绍了这种方法，但无论怎么学习这种高效率的方法，都不可能立刻掌握。这就是教养。

教养表现出了某人日积月累的人生和经历。

然而，我在这里要说一下，也有方法能够让人快速而高效地掌握教养。那就是，**听人教诲以及读书。**

读书，能够在浓缩的 2 小时内看完作者几十年的经验。这种节约时间的方法前所未有。商业上，即使模拟同行业其他公司精妙的战略，也不可能再获得任何成就，但前辈们的精妙智慧和思维方式并非如此，学成后立刻就能为己所用，不妨一试吧。

你每个月读几本书？据统计，读书的人和不读书的人之间，年收入呈正比例相关的关系。高收入的人读书多，还是读书多的人收入高，我们无从知晓，但无论如何通过读书将有更大的可能获得竞争优势。

而且，读书时，我建议你带着目标去读。

我读书的时候，会确定以下3个目标。

① 每月读6本

我从做实习医生的时候就定下了每月读6本书的目标。大约每周1本半，1年72本。这样的目标，即使忙碌的人也能达到吧？

从启迪书到历史书，不限领域。涉猎感兴趣的领域，并且一定要尝试一下作者在书中建议的方法和思维方式，不能为读而读，读完就放置不理，要努力从作者的经验中提取对自己有用的内容。

② 浏览话题书

还要阅览畅销榜上的话题书。通过阅览这种书，可以制造网络话题。

③ 确定主题

这个月读 6 本历史书，下个月读 6 本谈判类的书，集中阅读同一领域的书。这么做能够说明各书之间的关系，理解度更高、吸收效率更好。

读书时，重要的是**尽量不读无用之书**。这里说的无用是指不能为自己增加附加值的意思。

原本并不存在无用之书，但相对来说，仍然存在不能为自己增加附加值的书。我会尽量选择和自己行业以及业务有直接联系的领域的书籍。另外，为了提升教养，我会阅读各个领域的书籍，但这时，我会首先选择被称为名著的书。

虽说不读无用之书，但为了阅读更多书籍，速读不可或缺。同样的学习量和阅读量，能速读和不能速读的效率相差巨大。这种速读只有通过阅读大量文章才能掌握。

速读的重要能力就是略读。文章中一定有重要的句子。换言之，高效率地提取文章精华部分，并加以理解的能力就是略读。我读书的时候往往采用的就是略读。

学习复杂内容和未知内容时另当别论，略读时，速读和慢读的实际理解程度并没有变化，这是因为，读书是一个机械化的过程。这样一来，速读更能节省时间。

另外，**预先定好读书的目的，可有效提高略读的速度和精度。**很明显，单纯地毫无目的地读书效率低下。读书时拥有明确的目标，减少无用功非常重要。

培育领导能力

通过学习和自我钻研，开创未来的职业能力。很明显，这时候需要的不仅仅是业绩，还需要作为人的根基——资质。资质的养成，领导能力和管理能力不可或缺。

优秀团队的文化往往是以更好的团队为目标，并且具有维持这一文化的体制。员工信任经营者，为了让员工们的行动配合经营者的方针，承上启下的中层管理职位应该具备不可或缺的领导能力和管理能力。

但是，开发这种能力需要时间。通过应急处理的培训，不可能获得真正意义上的领导能力。

不具备充分技术的医生做手术而造成医疗过错，并不奇怪。同样，不具备领导能力的管理者在管理部下时，也可能出现管理错误。

团队培养领导，不仅对团队本身有影响，对顾客、员工也有影响。如果员工通常作为公司、医院的脸面来工作，就不会向顾客提供毫无责任感的服务。

在学习和构筑发展的经验时，培养领导能力和管理能力是不可或缺的。你身边培养这种能力的方法非常多。策划学习会和志愿者活动就是很好的方法。

通过后天的培养，谁都可以掌握领导能力和管理能力，但是需要花费时间。为了应对突然的需要，平时就应该积累相关的经验。

重点：跟学习没有直接关系的经验和读书，有利于提高人的资质。

Summary 3

概要 3

27. 将"LEAN"思考方式引入学习
28. 将目标和任务可视化
29. 通过波纹效应增加动力
30. 不过于追求完美
31. 高效率学习真题集和教科书
32. 不从习题集的第一页开始
33. 巧用荧光标记
34. 利用博客锻炼表达力
35. 每天跟进 TO DO 清单
36. 用 FIFO 方法管理 TO DO
37. 在学习上不吝啬钱财
38. 形成资质

COLUMN 2
世界化的哈佛大学实验室

难道你对哈佛大学医学部的研究人员是怎么生活的不感兴趣吗？研究人员的工作主要是做实验、参加研究室会议、演讲、写论文和获得研究费用。如果有重大发现，就可以进一步申请专利和开发新药等。

通常的工作制度是周一到周五开展研究工作，周末休息。但是必须注意的是，研究工作中没有明确的结束，所以只要想做，怎么做时间都不够用。

2012年，我在哈佛大学医学院Schepens眼科研究所的Dana实验室工作，共有18名研究员同事。2014年12月时，研究员中有5名中国人、3名印度人、2名美国人、2名伊朗人、1名意大利人、1名德国人、1名日本人、1名希腊人、1名墨西哥人和1名斯洛伐克人，是名副其实的全球化研究室。

有趣的是，不同国家的工作时间完全不同。日本人和中国人等亚洲人会从早到晚一直留在研究室工作，令人吃惊，而美国人每天17点准时回家，周末几乎不来实验室。

美国人是因为重视家人才会准时回家，但享受过天伦之乐后，还会在家里完成剩下的工作。日本人把工作排在第一位，甚至会牺牲家人而在公司工作到很晚，但美国人将家人排在最优先的位置，绝不会先工作后家人。

在海外留学时，有的人会把周末用来和无法陪伴在身边的家人联络，也有人会不分昼夜，周六周日也不休息，继续搞研究。如果在日本，我就不会有这样的发现，但我认为这一点非常重要。

顺便说一下，我属于后者，从早到晚地留在实验室里搞研究。我租的宿舍距离实验室只有5分钟的步行路程，所以我的生活就是回家吃饭、洗衣，之后重新回到实验室。

这是因为对我来说，在美国做研究期间是我人生中非常有限的时间，一分一秒都不想浪费。

PART 4
从哈佛、MBA 学到的学习法

撬动世界的领导人是如何度过每天的？

在哈佛和商务学校度过的日子非常刺激，这是我人生中最光鲜夺目的时候。完成留学目标的同时，也能看到新的世界，并且我强烈地意识到了人生的使命。

到美国后，我发现，在技术和环境等方面，日本和美国的差距并不大。但是聚集在哈佛和商务学校的多样化人才，代表着各个国家的人才，大家带着上进心、朝着伟大的目标，发出积极的挑战。

在这里，我想回顾一下在哈佛大学和商务学校的经历，将领先世界的思考方式、我从中学到的学习方法和目标、时间管理术分享给大家。

39. 尽早获得信任

我在哈佛大学的研究生活中学到的是"**加速跑中要尽早获取信任**"。

在哈佛大学的研究室里，像我这样的新人刚开始不可能获得好的研究项目。这是因为，实验室并不知道我具有什么样的实力以及干劲。所以，我首先需要做的是，表现出自己的能力和干劲。

如果自己得不到项目，即使好不容易留学到哈佛实验室，也不可能有任何成就。而且，哈佛大学实验室注重实力，看重结果。拿不出成果的研究员会被解雇。

在这样的全球化环境下工作，最重要的就是获取对方对自己的信任。

我决定留学3年，而且我从开始就知道，无论我怎么学习英语也不可能做到和本地人一样，所以**当时我时刻抱着让对方产生强烈兴趣、让对方感动的想法**，只希望自己的英语能达到这个水平即可。

具体来说，关于角膜移植手术和流式细胞仪这样的实验器材，我学习得比实验室里的任何人都更加详细。

同时，早上第一个到实验室，晚上最后一个离开实验室。另外，如果有人拜托我什么事，我绝对不会拒绝。

小事的积累最终会得到大家的认可，如果在初期能够获得周围人的信任和良好的评价，之后的工作将进展顺利，也更容易取得一定的成果。

相反，如果最初表现不积极、无法获得周围人的好评，工作也将陷入举步维艰的恶性循环。

医疗和研究都是如此，**无论什么工作，没有团队协作就无法创造良好的成果。**

因为在加速跑中获得成功，我在哈佛大学开始负责很多研究工程，度过了非常充实的时光。

大家搬到新环境里的时候，即使什么都不做，也要先做好加速跑的心理准备。

■ 重点：如果能成功取得周围人的信任，会更容易取得良好成果。

40. 巧用人脉

因为我没有商业背景，所以我考取 MBA 的道路上布满荆棘。会计学、金融学、战略学等，充满挑战。勉强还能较量一番的就只有统计学。另外，因为是全英语考试，不能靠着直觉去理解内容。准备考试的时候，我先看真题的答案学习，但大多数情况下，即使读答案解析，也无法完全明白。

将我从困境中拯救出来的正是网络。有不明白的地方就直接咨询这个行业的专业人士。

无法理解会计学的时候，就给日本的会计师朋友发邮件，我虽然身在美国，但他可以通过视频电话教我。通过这种方式，我才能高效地理解不懂的内容。

学习一定不要一个人孤军奋战。特别是走进社会之后，通过单纯背诵无法完成的学习越来越多，所以**相比孤军奋战，我建议大家咨询行业专家**。因为这样可以学到简洁易懂的重点。

我见过的通过学习取得重大成果的人，当遇到突发情况的时候，都会巧用自己的人脉，通过交换有效信息，获得成倍相加的效果。

这里说的人脉并不是指有过一面之缘的人，而是指当你遇到困难的时候能无偿伸手提供帮助的人们。

这样的人脉并不是一朝一夕就能建立的。需要精力、时间、努力的积累才可能建立起这种人脉。

人脉中，重要的是互惠双赢的关系。一方依赖另一方而存在并不是人脉。**自己要努力给对方带来积极的影响。**

也许你会认为"仅仅借助他人之力，并不能增强自己的实力"，但这是错误的认识。这是因为，为了建立这样的庞大人脉，需要花费时间和精力，这也可以说是个人实力的一部分。

自己化身为平台

自己化身平台，你就可以发挥领导能力，组织团体活动等。

率先成为宴会、交流会的组织者吧。组织者的工作包括联络店铺、确认出席情况等，需要处理很多复杂的事情。

但是，通过担任组织者，会得到各种好处。你可以决定时间、场地、邀请什么人，还可以获得参加者的联络方式等信息。

像这样聚集充满魅力的同道中人，组织具有附加值的聚会，你必将成为核心人物。

从企业的角度来说，因为开展平台战略而闻名的是亚马逊。通过向所有人无偿提供使用方便的购物平台，获得了畅销品的信息、购买人群等最新的市场信息，大大提高了亚马逊的利润率。

为了成为大众平台，就必须向顾客提供其选择的服务。亚马逊的免费配送服务和口碑营销等差别化营销方式大获成功，成功地完成了从超级市场抢夺用户的"圈地"运动。

个人和企业一样。**将自己化身为平台，不仅满足了周围人的需求，也能够提升自己。**

学习上也可以将自己化身为平台。具体来说就是，将自己学习的内容教给朋友。教别人的内容都是出乎意料地难懂，如果不能从真正的意义上加以了解，就无法向朋友讲解。

也就是说，通过向朋友讲解，也能够检查自己是否真正地理解了问题。

通过你自己，构筑能获得信息和便利性的平台，你的附加值也将获得大大提高。

■ **重点：人脉是实力的一部分。**

41. 目标不是竞争而是相互协作

我想获得资格，飞黄腾达。我想通过学习变得更加强大。这个时候，有些事情必须明白。

你不可能一个人独享成功，通过合作、分享，才能获得成倍的成长。

比如，大学机构和公司团体中，上下级组织非常多，横向的研究和团队协作常常无法顺利进行，就出现了特意避开利益纠缠、相互协作的情况。

哈佛大学会鼓励相互协作。我所在的实验室里，无论研究多忙，如果申请协助就会获得帮助，召开紧急会议共享信息和技术。我们通过相互协作，创造了新的价值，研究成果成倍增加，我们能够依靠彼此获得更大的成果。

像这样为了高效率地取得更大成果，相互协作必不可少。学习上也是如此，通过相互协作，可以获得更多的信息，节约更多无须浪费的时间。

所以，能够获得更大成果的并不是竞争，而是相互协作。为了让大家更好地理解，接下来我会对这一理论进行详细介绍。

和别人协作完成某事的时候，有时候必须确定好自己应该采取什么行动。另外，必须预先考虑别人对于这一行动又会采取什么行为。分析这种相互依存关系被称为博弈理论。

通过学习博弈理论，我们就会明白，**选择合作行为能够提高彼此的总价值。**

我们来看一个和博弈理论相关的犯人窘境。

这是一个关于被警察抓捕的两个犯人会做出什么选择的案例。每个犯人都可以选择"沉默"或者"认罪"。警察可以无条件羁押犯人 1 年的时间。2 人都选择认罪的情况下，2 人都将被处以 5 年刑罚，只有 1 人认罪的情况下，认罪的犯人将被无罪释放而另一个将面临 10 年的刑罚。整理后的信息如下：

① 2 人都保持沉默 = 2 人都被处以 1 年刑罚
② 1 人认罪 = 认罪的人被无罪释放，沉默的人被处以 10 年刑罚
③ 2 人都认罪 = 2 人都被处以 5 年刑罚

如果你是其中 1 个犯人，会做出什么选择呢？

最合理的选择是①。如果 2 人都保持沉默，只要 1 年的刑罚即可，对 2 人来说都是最好的结果。但是，一定会存在诱惑 2 人背叛同伴的因素。

这种情况下，和同伴的选择无关，只要自己选择认罪就会被

判无罪或者面临 5 年的刑罚，相比只自己沉默而被判 10 年刑罚的情况，刑罚的时间变短了。

像这样，自身的选择和他人采取的战略无关，却是最合适的时候，这一战略被称为"**支配战略**"。这里的支配战略就是认罪。同伴认罪也好，沉默也好，只要自己认罪，进监狱服刑的期限就会比 10 年短。这个被称为"**囚徒困境**"。

然而，有一个办法能够解决这一困境。那就是通过多次的反复沟通，让他们了解彼此的想法。通过沟通彼此的想法，如果选择了共同合作的结果，对 2 人来说都是选择了最好的结果。

我们的世界看上去像是没有协作的竞争社会，但请一定记住，像这样选择协作，就能够提高彼此利益的总价值。

创造"非零和博弈"

我们再从其他的角度来看一下协作的重要性。

零和博弈是指胜者和败者的总和往往是零。比如，股票世界中就是零和博弈。这是因为通过股票获利的人和受损的人的金额相加，结果往往是零。网球比赛中，一方的比分是 0∶6，在另一方看来比分就是 6∶0。运动中大多数也是零和博弈。这是因为必须分出胜者和败者。

然而，在我们生活的社会中，彼此都在区分非常微妙的领域竞争生存。这种情况下，不再是完全的零和博弈，而是产生了相互依存的关系。

比如，英特尔和电脑公司的关系。英特尔和电脑公司之间存在相互辅助的关系，电脑大卖则英特尔大卖，英特尔获得好评则电脑销售也更旺。

我想说的是"即使在竞争环境下，也可能出现理论上的协作"。如果创造出了非零和博弈的情况，就能够打破零和博弈，创造出高质高量的产品。

在哈佛大学医学部的研究生活中，大家也会拼上一切努力展开激烈的竞争。这是因为在美国，对于研究者来说，获得研究资金是关乎生死存亡的事情。为此，就必须比其他竞争者发表更多高质量的论文。

即使在如此激烈的竞争环境下，也常常出现相互协作的情况。**这种协作发生在和自己没有竞争关系的人之间。**比如，我所属的眼科研究干眼症时，会和细菌学研究室开展联合研究。这种情况下，不会出现囚徒困境，往往彼此都能做出最好的选择。即作为协作方的细菌学研究室和眼科研究室不会相互争夺成果，所以就会帮我们准备需要的检查和药剂等。

竞争对于成长作用巨大，但选择相互依存会得到更高效率的成长。有的时候，我们会想排挤他人以谋求个人的成功，但真正重要的是为他人做出贡献和协助他人。不要忘记，这么做的最后，自己也往往会享受到成长的乐趣。

■ **重点：通过协作，提高彼此的利益总价值。**

42. 消化海量知识

在美国的商务学校,课外的学习更繁重。这是因为,为了上课,预习和作业将花费大量时间。

比如,教学大纲上列出上课内容的同时,也会列出必读文献,单单两周的MBA课程就会留出需要40个小时以上才能完成的作业。如果不完成必读文献和作业,上课根本跟不上进度,因为上课的前提是必须掌握相关的知识。另外,还有相应的笔记、考试以及提交报告。

在美国的研究生学院里,我被淹没在海量的信息中。你当然不可能记住所有信息,所以就必须快速阅览文章,从中提炼出重要的内容。

这一能力在商业中也起到了重要作用。这是因为随着网络的普及,我们进入了信息泛滥的世界,我们必须高效率地进行信息取舍。

遭遇海量知识,也提高了自己的信息容量。为了将海量的信息转换成有效输出,我们必须具备取舍信息的能力。

通过故事增强记忆

在商务学校,我们使用案例研究法来展开讨论。发生在公司里的实际案例,信息非常详细,只读一遍根本无法理解。

像这种记载了大量信息的案例,只要用案例研究法学习一次,就会出人意料地牢牢记住其中内容。这是因为整个案例运用的是故事结构。

人类的大脑会忘记单词等较琐碎的信息,但难以忘记信息和信息结成的信息网。像案例研究法这样的故事结构,一旦记住,将形成永久记忆。

学习也是如此,不能只背诵,还要记住当时的场景和感情。要一边在自己的大脑中构建故事情节,一边学习。背诵英语单词时,可以将演员和自己想象成主角,在一定场景中记忆。

使用提示纸,利用零碎时间记忆

虽说如此,但研究生学院的作业量不容小觑,单靠背诵实在难以承受。

在商务学校,每当考试临近,大家就会制作提示纸(cheat sheet)这样的自学参考书。对于无论如何也记不住的地方,我会总结起来写到一张纸上,或者打印出来随身携带。背诵的时候,这种方法非常有效。好了,坐在书桌前开始背吧!感叹一声,接着拿出来学习即可,只要利用零碎时间慢慢看,就足以牢牢地记在脑海中。

写笔记是浪费时间

我从来不写课堂笔记。一旦做笔记,就想做整洁的笔记,这么做不知不觉间,做笔记就变成了目的。上课时,集中精力做笔记的话,根本不可能理解学习的本质。

进一步说,即使我做了笔记,以后也不会看。做这种事情,**倒不如买来参考书,直接在上面写出优良笔记更有效**。这是因为参考书上有索引和目录,具有快速查找的优点。

在参考书上写下自己查到的以及上课学到的内容,制作一本自己专用的手册。

■ 重点:掌握更适合自己的记忆法。

43. 重视预习

在美国的大学里，上课的前提是预习学习范围。老师可能会突然提问你"对于那一部分，你怎么看"。

如果你没有预习相应的内容而无法作答，不仅会感到羞愧难当，还可能会丢掉上课的分数而不及格。

我在日本上大学的时候，学习模式是以复习为主。为了考试及格，做真题，好好复习总能够过关。

但是，实际上这种学习模式的效率非常低，对于有大量时间的大学生来说，还勉强可以一用，但对于社会人士来说，我认为这种学习模式并不合适。

这是因为，虽不能说浪费掉了所有的听课时间，但听课的效率非常低。

我成为社会人士后，学习上采用了以下学习模式：①**参考真题**；②**预习**；③**课上记住重要的部分**。通过这一方法，我明白了课上的重要内容是什么，集中精力理解那一部分即可，所以课程结束后便记住了相应的内容。

忙碌的社会人士,很难挤出复习时间,所以我建议大家尽量在课上记住该牢记的内容。

■ 重点:相比复习,最好在课上牢记相应内容。

44. 通过发言磨炼自己的见解和思维

在医生和研究者的世界里，会定期举办各种大型会议。日本眼科学会聚集了大量的眼科医生，一起发表研究内容、分享最新见解。

有只能容纳50人的小型会议场地，也有像演奏会大厅那么大的会议场地。有时，你必须在数百人面前发表演讲。

我会尽量在学会上发表演讲，这是因为，通过发言和演讲能够磨炼自己的见解和思维。

另外，聆听其他老师的演讲时，我一定提问。这是参加会议的有效方法。整个会议中，始终坐在座位上的人，不算真正的参加会议。只有参与到讨论中才具有一定的价值。

而且，**提问这一行为本身就能提高学习中的理解力**。这是因为，如果你能思考"为什么"，就已经进入了思考的过程。带着"为什么"的疑问去学习，就能摆脱单纯背诵，走进学习的本质。

我在哈佛实验室和商务学校的讨论会上，至少要想出一个问题来提问。通过这种方法，能够更加集中精力听会议内容。即使刚开始只能提出一个问题，养成习惯后渐渐地形成了提问的感觉，就能积极地参与到讨论中去。

另外，**经常提问也能起到推销自己的作用**。如果能在大型会议和学会上发言，就能够向聚集在这里的著名人士展示自己。

会议和学会是绝佳的机会，不容错过。积极发言，努力磨炼自己发表主要见解的能力。而且，通过提问"为什么"来掌握怀疑事物本质的能力。

■ **重点：积极发言、努力磨炼自己发表主要见解的能力。**

45. 享受海外留学

去海外留学，能够学到表达自己的想法、被对方理解的重要性。不像日本的"费尽心思迎合别人"，而是要求能够"把自己的想法传达给别人"。

欧美人习惯讨论问题，不仅在商务学校的课堂上。这里会发生犹如火花四溅一般的激烈讨论。但有趣的是，欧美人在讨论中无论发生多么激烈的冲突，结束后又会回归之前的友好。

去了海外，会想更进一步了解自己的国家。在留学地遇到的优秀留学生们，大多数是作为各国代表而来。大家刚认识的时候，做自我介绍的同时也会介绍自己的国家。这时，对方提出的问题会涉及自己国家的历史、宗教、文化等方面，自己终于意识到还有很多不知道的知识。留学、去往异国他乡，才会更加挂念自己的国家。我深深地感觉到"**如果不了解自己的祖国，在世界上只会招致耻辱**"。

商务场合中，也会有人评论你的教养。具体的评判标准之一是，你是否理解自身的背景。如果不了解自己出生的国度和地域、不学习和自己过去相关的领域，会被认为没有教养。这是因为，连自己的祖国都不了解的人，是不可能了解其他国家的。

到美国留学，我最痛苦的是生活起居方面。租公寓、买保险，都必须在这个人生地不熟的地方独立完成。特别是在日本从来没在意过的医疗保险，在美国也必须自己做决定。想要兼顾生活的这些方面以及工作，确实比想象的艰难很多，但也能够养成在日本无法获得的、强大独立的内心。

可能有人会担心在留学地感到孤独。实际上，在没有父母、朋友，当然也没有恋人的异国他乡一个人生活，确实需要和难以忍受的孤独做斗争。然而，朋友会渐渐多起来，**拥有人生中必须面对自我的时期，是留学最大的收获。**

我留学的3年，是和孤独、学习、研究相抗争的辛苦时期，但也是我重新认识人生目标的重要时期。

留学归来后，和留学前截然不同，对未来的发展有了明确的目标。以自我使命为基础，面向使命逆向思考，应该设定什么样的目标，一目了然。

说到留学的乐趣，印象最深的就是和当地人之间的交流。通过周末聚会和运动等，和大家沟通，一起喝酒，结识了跨越文化界限的、真正意义上的朋友。在波士顿参加美国原汁原味的圣诞聚会，以团队的形式参加网球大会等，都让我受益匪浅。

其中，和通过网球认识的朋友之间的亲密关系，甚至超过了在职场和学校认识的朋友。

留学的其他乐趣还有，**以留学地为据点，到其他地方旅行**。比如，在美国留学就可以去巴西和秘鲁等南美大陆，在欧洲留学就可以去周边国家。利用寒暑假去看看极光，去加勒比海周边游的成本都比较低。

留学结束后，不知不觉间你已经开始接近要挑战的目标了。这是因为在留学地，每天都在"不断地向新事物发起挑战"。例如，没吃过的料理、没做过的运动、没接触过的新文化等。能够挑战和认识之前一直故意不看、不尝试的事情。

在异国他乡挑战成功的经验，将令你感觉，挑战已不再是挑战。

■ 重点：留学是打开未来之门的重要机会。

46. 远离舒适区

在哈佛大学留学两年之后，懵懵懂懂地开始习惯刚开始觉得糟糕无比的环境，不知不觉间开始喜欢上这种生活。我确实也掌握了很多技能，工作和学习的效率也得到了提升。

然而，当我感到舒适的时候，便开始故意改变现有的舒适环境。这是因为我感觉**在舒适的环境中获得的新东西越来越少**。

留学的第一年，我感觉刚开始的几个月时间里学到的东西最多。很明显，在学习上也是**刚开始学习新领域的时候吸收的知识量最大**。

我进入留学的哈佛实验室两年后，就已经记住了所有必须记住的知识。有时候我也会想，这样下去就能够舒舒服服地做研究了吧！

可是，越是这种时候，就越需要变化和挑战。想到这里，我决定返回日本。

当然，因为习惯而难以换工作是人之常情。这种情况下，即使不换工作，参加新项目、参加从未参加过的学习会等，自己也能创造出新的环境。

习惯了舒适的环境并不是要娇惯自己，而应该继续挑战新环境，争取更快地加速成长。

■ **重点：自己要挑战新环境。**

Summary 4

概要 4

39. 尽早获得信任

40. 巧用人脉

41. 目标不是竞争而是相互协作

42. 消化海量知识

43. 重视预习

44. 通过发言磨炼自己的见解和思维

45. 享受海外留学

46. 远离舒适区

INTERVIEW ❷
——挑战世界的人采访记录二

哈佛大学应用数学专业·专业足球运动员
小林宽生

哈佛大学的学生们是如何管理时间的呢?

哈佛大学的专科学院(在日本是4年制大学)的学生大约有6700人。小林宽生就读于哈佛大学应用数学专业,同时也是足球俱乐部的精英分子。关于哈佛学生如何兼顾学习和运动,我采访了小林宽生。

为什么会选择哈佛大学?

我高中二年级的时候,哈佛大学足球部的教练邀请我,说可以趁此机会去哈佛大学看一下,所以我就去观摩学习了。当时住在足球部的前辈家里,亲身感受到了哈佛大学的学生生活,课程质量、城市氛围、每天的宿舍生活、人脉的质量,以及运动设施环境等,我都非常喜欢,所以哈佛大学成了我的目标。真正来了之后,从环境这一点来看,我深深地感受到哈佛真的是非常棒的大学。

我看到哈佛大学的学生学习和运动都保持在一个很高的水平。你们的生活轨迹是什么样子呢？

足球练习一天大概花4个小时，包括跑动、换衣服、沐浴等。比如赛季的时候，每天早上9点起床，10点到14点之间上课，15点到19点之间是足球时间，吃过晚饭后做作业。

哈佛大学的作业非常多，如果参加俱乐部的话，学习应该很辛苦吧，你是如何管理时间的呢？

关于时间管理，任何人都要费一番心思，但哈佛大学的自由教育比较好的地方是，6700名学生基本上都生活在宿舍里。如果有什么不懂的地方，就可以去敲隔壁同学的房门。我觉得和朋友之间相互协作才是高效率完成作业的关键所在。

另外，因为自己是运动员，所以每天基本上是7小时的睡眠时间。

前辈们教育我们，"通宵学习并不好"，"通宵学习等于不会管理时间，效率低下"，不能每天都牺牲睡眠时间来迷迷糊糊地写作业。但考试的时候，因为准备不是很充分，也经常不睡觉地准备考试。

我一直不知道哈佛大学的学生都住在宿舍里。这里浓重的国际氛围和人际关系一定能增强学生们的教养。那么，小林你将来的梦想是什么呢？

我最大的梦想就是从事能促进日本足球界发展的相关工作。住在美国了解得比较清楚，比如波士顿人为红袜棒球队（Red Sox）等运动队感到非常自豪，这也是波士顿市民的统一性。住在纽约的时候，就和美国分为民主党和共和党一样，粉丝们明确地分为纽约大都会粉和纽约扬基队粉，经常发生口角。我希望日本人也能像这样真心地热爱足球。将来，我就想从事培养这种氛围的工作。

所以，我现在想实现的梦想是，从哈佛大学毕业后成为日本专业足球运动员。我曾经在日本联赛娱乐企业做实习生，当时有机会和川渊队长聊天，他对我说："正因为我具有专业运动员的经历，才能更好地看清日本的足球界，一直奋战到今天。有机会的话，你也该立志成为专业的足球运动员。"听到他的建议时，我想，为了实现自己最大的梦想，如果有在日本足球联赛踢球的经验一定会更有利，成为更专业的人士是我强烈的志向。

当然，我非常喜欢足球，这也是我想成为专业人士的最大理由。虽然这是我个人的意见，但因为足球水平越高就越有趣，所以一想到日本的高水平我就感到兴奋。

我管理目标的方法非常简单，那就是"说出你的梦想"！这是我打工的波士顿拉面店的名字，在那里学到的一点就是"实现梦想的第一捷径就是说出你的梦想"。如果说出自己的梦想，就能提高自己对梦想的意识和责任感，粉丝和支持者也会越来越多，而且拥有相同梦想的人和帮助自己的人都会渐渐聚集起来。

哈佛大学的学生，就业的时候应该会收到很多邀请吧。你为什么会选择做专业足球运动员呢？

顶着哈佛大学的头衔，确实能找到高薪的工作，可以选择过安定的生活。

只是，我从7岁开始踢足球，获得了家人、教练和队友以及朋友们的支持，我的人生中一直都只做自己喜欢的事情。在日本，我是足球少年，转校到纽约的高中后还是通过足球来学英语、交朋友，即使大学考试的时候也没有因为学习而放弃足球，我大学4年也一直在踢足球。我是一个幸运儿，一直都只做喜欢的事情。

临近毕业，面临着先选择足球还是先选择工作的迫切情况，但在我的价值观里，最重要的是选择自己喜欢的事情。这也是对自己梦想的一种奢望。现在我一直在想，什么时候能重新成为给周围人带来影响的人就好了。

■ 小林宽生 简历

1992年12月26日出生于爱知县冈崎市。高中3年级时和家人一起移居纽约。2011年进入哈佛大学应用数学系学习。2015年4月开始进入The Premier Development League（PDL），Kitsap Pumas。

PART 5
从零开始的英语学习法

医生会说英语难道不是理所应当的事情吗？答案是"NO"。

写病历的时候确实要用英语，还要看英语论文，所以也不是完全没有接触英语的机会。

然而，能流畅地用英语说话的日本医生非常少。这是因为，即使去参加海外的学会，相比商务人士，医生几乎没有机会用英语交流。前天，在波士顿留学时的朋友还说，因为在日本医院接诊的时候无法用英语交流而感到为难。

我生在茨城县、长在茨城县，海外经验为零，生活中完全和英语绝缘。这样的我也能靠自己的力量去海外留学，靠自己的力量把握了能够在哈佛大学和商务学校参加自由讨论的机遇。

今后将进入即使身在日本也必须和全世界人竞争的时代。所以在向世界发起挑战的时候，英语就相当于"无国界驾驶证"。只有忙于工作的人、繁忙的人才必须高效率地学习英语、向世界发起挑战。

学习英语也有秘诀。本章中，我将向大家介绍以我亲身经历为基础的、为向世界发起挑战而从零开始的英语学习法。

47. 成为全球化人才

全球化人才是指掌握两国以上的语言以及专业技能的人。无论哪个国家、哪个地区，这种人才都非常受欢迎。

拥有两国以上语言能力的人如何才能掌握专业技能呢？

我认为，**磨炼专业技能的同时再学习商业中赖以生存的英语即可。**

为了掌握专业技能，需要非常多的时间和经验。但是，对于英语来说，只要经过几年的努力，即可掌握。

现在所有的行业都急需全球化人才，特别是医疗和健康管理、IT、科技、制造业、物流等行业。

每年都有很多企业参加支持双语人才求职、跳槽的日英双语人才招聘会。参加在波士顿举行的日英双语人才招聘会时，不仅外资企业，日资企业对全球化人才的需求也非常旺盛。

为了迈向理想的职业，在磨炼核心专业技能的同时，还要学习英语，只有成为全球化人才才能达成所愿。

如果能熟练使用英语，世界真的会更加宽广。只有想开拓未来的你，才会学习英语、站到挑战世界的起跑线上。

■ **重点：磨炼核心专业技能的同时，掌握实用的英语。**

48. 早期开始便要设定具体目标

"留学1~2年后,不就能流利地说英语了吗?"

"老老实实地学英语感觉像个傻瓜似的。"

大概有人会这么想吧!我曾经也这么想过。

不是海归子女的我曾经认为,只要去留学,不知不觉间就能流利地讲英语,之后就可以回日本了。

然而,留学后等待的过程之艰辛远在想象之上。

首先,不明白对方提问的内容是什么。当然,这样一来也不可能回答出来。想着"不应该是这样",没有看到任何理想中使用流利英语的兆头,留学生活瞬间已经过去了几个月。

从结果来看,经过1~2年的留学生活就想熟练掌握英语,基本上不可能。然而,一旦熟悉了英语环境,即使无法说出流利的英语,**通过身体语言的交流也能够明白彼此的意思**。这就进入了能说"赖以生存的英语"的阶段。

但是,在留学地和大学里,朋友们不会改变自己说英语的习惯,所以就这样不知不觉地熟悉了对方的英语习惯,也有一定的弊端。

我去波士顿留学之前，并没有长期的海外经历，学生时代也从没有参加过寄宿民家的活动（学生时代忙于俱乐部活动而不能参加，也只是借口而已）。

然而，当实习医生的时候，我设定了留学的目标，所以留学前我购买了 *NEW ENGLAND JOURNAL OF MEDICINE*（英语医学杂志），参加了英语会话学校的课程，做了相应的准备。这样的努力并非毫无用处，但现在想来，这么做并不是为了达到"流利说英语"这一模糊目标，应该是为了实现**在早期就设定好的具体目标，"掌握和世界人民沟通的全球语，掌握在海外生活时赖以生存的英语"**。

■ 重点："去留学就能流利说英语"是奢望。

49. 非"正确英语"也可以沟通

我第一次感觉到英语的必要性，是在2009年举行的WHO（世界卫生组织）预防失明工程的亚洲会议上，当时我作为日本的唯一代表出席会议。

我所属的顺天堂大学眼科是WHO的亚洲支部，是亚洲预防失明工程的左膀右臂。

在泰国呵叻召开的会议上，聚集了亚洲21个国家的代表。作为医疗发达国家的代表，需要向各国介绍日本的医疗制度和地区医疗政策等。

英语演讲稿倒还熟悉，但午餐和休息的时候，使用具有亚洲特有发音的英语完全无法与他人交流。但是，除我之外的其他参会者都能够微笑着顺利地交流沟通。我至今都难以忘记和大家一起用餐时的尴尬，午休时只能去外面散步以消磨时间。

现在想来，当时那种听不懂的带有亚洲特有发音的英语，确确实实也是全球语。

全球语不是以英语为学问的英语，只是被当作传达意思的一种工具而已。它是为了在英语圈生活、"能听懂即可"的非地道英语。

预防失明的会议上使用的英语和语法、发音完全无关。通过身体语言表达出"想表达的内容"即可。

即使在哈佛大学的实验室，用到的也多是不地道的英语。这里用到的英语和动词的时态、复数形式毫无关系。大家说的都是能让对方明白的简单英语。

放眼全世界，据说**现在说英语的人中，78%的人母语不是英语**。也就是说，我们用英语对话的人，大部分都使用非地道英语，我们要明白，交流中并不要求你使用地道的、漂亮的、正确的英语。

即使生活在美国，英语的语言水平也是参差不齐。夹杂着西班牙口音英语的人和说着地道英语的人默契地共存于社会。**只要意思相通，一般人就认为你会说英语**。只要能跟街角的洗衣房、出租车实现零距离沟通，就完全没问题。

全球化人才需要的，是和文化以及政治背景完全不同的人实现零距离沟通的能力。摆脱必须说正确英语的心理包袱吧，我们应该重新认识到，英语不过是"沟通"的工具而已。

■ 重点：只要意思相通，就是"会说英语"。

50. 具体描述学习英语的目的

学习英语时，最重要的是设立目标。读到这里，我们应该明白，即使是学习英语，我们也要将什么不能做、什么该做进行可视化，明确自己的目标。这样一来，才能高效率地学习英语。

如上所述，掌握赖以生存的英语，正是结合现实的、不做无用功的英语学习目标。

进一步说，越是繁忙的人越应该好好考虑一下，学习英语是为了什么。想用英语讨论、用英语写论文、用英文演讲等，大家的英语目标各不相同。有的人想在公司内部升职加薪，可能不需要 TOEIC 分数，而有的人可能会为了为期一周的环球旅行而学习英语。

比如，演讲中最重要的技能是演讲能力，接下来是应对质疑的听力能力。所以，我们需要锻炼演讲和听力。当然，综合性的提高对于英语能力的增强更加有力，但并不一定会有助于增强你完成目标的效率。所以，不要犹豫，集中精力学习演讲和听力吧！如果演讲的技能得到提升，再学习其他内容即可。

这里需要注意的是，**学习英语本身并不是自己的目的**。如果不能牢记学习英语是为了掌握自己需要的工具——英语技能，无论你花费多少时间来学习英语，都不可能掌握实用的英语，所以千万要牢记这一点。

具体地描绘出你学习英语的目的吧！

在英语学习中，去除和目标无关的"无用功"，通过高效率学习，繁忙的商务人士也能完成自己的目标。**明确学习什么、不学习什么，集中精力学习为了实现自己英语目标所必备的技能。**

■ **重点：大家学习英语的目的各不相同。**

51. 牢记目标，只学习必要的技能

如果明确了自己学习英语后想做什么，下一步就是将目标细化。

比如，你的目标是通过一年的学习，让英语演讲能力得到大幅度提升，那么，你就要在完成最终目标之前，明确半年后、3个月后、1个月后、1周后以及每天的学习要达到什么水平，将目标更进一步地细化。

这时，重要的是"**集中精力只学习完成目标所需要的能力**"。为了在短期内提高英语能力、掌握目标能力，就要减少学习中的无用功，集中精力磨炼必要的能力，这才是高效率的学习。

学习英语时，总会感觉仿佛碰到了艰难的障碍。怎么背都记不住的英语单词，怎么学都无法朗读的句子，怎么听都听不懂的英语……你可能也会遇到这种情况。

但是，现实中的水平增长并不是逐步上升，大多数会呈现出阶段性上升，所以一点点进步，有朝一日定会迎来质的飞跃。

重要的是，怎么学都没有进步的情况下，也绝不能屈服。感觉不到进步时，正是处于阶段性平台的时期。我们要明白我们确实具有一定实力。

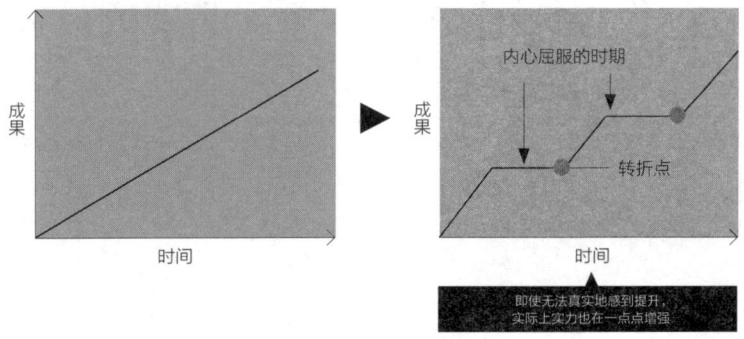

成绩的增长方法

52. 确保英语学习时间

学习英语时，最重要的是保证学习时间。我们可能常常会出现因为工作而将学习延后的情况。无法保证学习时间、饱尝挫败感、无论何时都无法增加学习量、不知不觉间自己就停止了学习的脚步……如此，陷入恶性循环。

为了不出现这种情况，**要先在行程表中加入英语学习的时间**。另外，对于听力和背诵英语单词等时间，可以**最大限度地利用零碎时间来学习**，这是效率最高的方法。

但是，无论计划多么详细，也可能出现无法按计划实行的情况。即使如此，也要看到自己"小小的进步"。不要从刚开始就设定过大的目标，而要设立可能实现的目标，在不勉强的范围内完成目标。

刚开始，"1 天记住 10 个英语单词"也可以。完成设定的目标关系到接下来的自信心，一点一点地延长学习时间，身体也会慢慢适应。通过这种做法，即使一边工作，也能保证 1 天 2 个小时的英语学习时间，而不会感到辛苦。

保证学习时间的方法是，一点点积累成功的体验，一点点增加学习时间。通过这种方法，可有效增加自信心，英语学习也会变成一件快乐的事。

保证早上的英语时间

关于生理上保证学习时间的方法，我推荐用早上的时间来学习英语。

晚上，可能会突然出现不知道几点才能完工的紧急任务，或者同事、上司邀请你参加酒会。

强迫因工作而疲惫的大脑晚上学习，倒不如早上起早来学习。**在早上头脑最清晰的时候学习英语，从大脑结构来说，也是非常高效的。**

我留学之前会在早上练习英语会话。因为一般早上的行程不会突然改变，所以可以连续学习。如果安排在晚上，比如，就会因为"有紧急手术，不能学英语了"等，这些冠冕堂皇的理由来逃避英语学习。自己要创造一个无法编造逃避理由的环境。

将零碎时间用于学习英语会更有效率。听力和背诵英语单词等输入性学习更适合零碎时间，珍贵的晨起时间应该用于演讲和英语会话。

■ 重点：有效地分开使用零碎时间和整块学习时间。

53. 做 TOEFL 领跑运动员

全球化的波浪汹涌而至。乐天和优衣库将英语定为公司内部的通用语言，TOEIC 也成了升职必备。

但是，关于 TOEIC，现在只有日本和韩国使用，对留学并没有任何作用。如果你学习英语，我建议你学习海外留学和获取研究经费时需要的 TOEFL。

更进一步来说，海外的 MBA 等高端技能需要在满分为 120 分的 TOEFL iBT（Internet Based Test）中考取 100 分以上。想去留学的时候，可不是马上就能考到这个分数。**考虑留学的人，需要以 TOEFL iBT 100 分为目标，提前开始学习。**

TOEFL 之前是 PBT（Paper Based Test），难易程度一般，由听力、语法、阅读三部分构成。

然而，从 2006 年开始引入了 TOEFL iBT。iBT 测试分为阅读（Reading）、听力（Listening）、口语（Speaking）、写作（Writing）四部分，每部分 30 分满分，合计 120 分满分。

最大的变更点是口语部分，采用了面对电脑录入解答的方式进行测试。考试时间大约 4 个小时，长到令人窒息。

进入商务学校后，深切地感到 TOEFL 的出题内容是考虑到大学的实际生活和日常生活的，所以怎么学都不会有任何损失。

比如，阅读部分要求的速读，是快速完成商务学校大量的作业所需要的能力；口语是即兴发表自己见解的能力，是班级学习的讨论会上不可或缺的；听力也是听到实际讲义、总结内容、提出问题、发表见解时不可缺少的能力。

TOEFL 虽然指综合性的英语能力，但仍然具有考试味道。

所以你需要注意里面可能含有对你的目标没有助益的能力。如果你的目标是"用英语谈判"，TOEFL 中的阅读和写作就和你的目标没有直接关联。这种情况下，或许只考虑口语和听力分数即可。

我把 TOEFL 考试当作了英语学习的领跑运动员。

首先，结合海外留学设定好 TOEFL 的目标分数。之后，集中精力学习 TOEFL 考试结果中不足的地方。每 2 个月、每 1 个月考一次 TOEFL，将自己的学习进步可视化，就能够把握自己的学习进度。

运动需要练习，考试也同样需要不断地练习，只是上升的速度并不相同。同样，学习语言时，从目标开始实行逆向管理才是进步的捷径。

■ 重点：语言学习也需要有和目标相符的标尺。

54. 跟遗忘曲线战斗，牢记英语单词

英语学习中不可避免的是背诵英语单词。单这一项的记忆量就超乎想象。

人们能记住的量遵循艾宾浩斯的遗忘曲线。如果背诵的量没有超过遗忘曲线的量，忘记量将更多，单词的绝对数量也不会增加。**只有让背诵量超过忘记量，除此之外别无他法。**

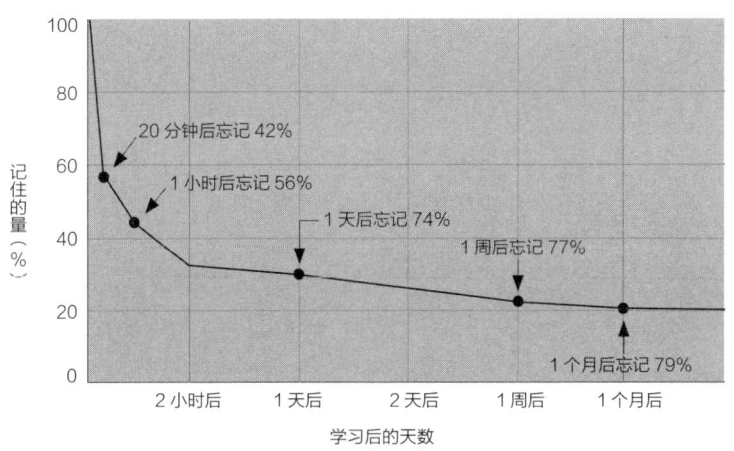

艾宾浩斯的遗忘曲线

背诵单词的过程就像锻炼肌肉的过程。如果不能坚持锻炼,不仅不能保持现有肌肉量,反而会减少。

让单词像大脑的肌肉锻炼一样,养成记忆习惯即可。

虽说如此,依然有高效率的学习方法。那就是,**不在已经记住的单词上浪费时间**。我认为,单词本上已经记住的单词不要再学习第二遍。

我学习单词的方法是,先不看每一页单词的意思,而是确认一下认识多少。在不明白的单词旁边标注记号。看完一页后,再学习不认识的单词。之后,便不断重复这一操作,直到记住所有单词。

第二周,不再复习已经认识的单词,所以短时间内就可以全部背完。虽然每一页的单词都会背诵,但几天之后经常会忘记前一页的内容。然而,不必过于在意这一点。即使如此,继续背诵的话记住的量也会超过忘记量,所以英语单词的绝对量会不断增加。

我想再介绍一个记忆英语单词的有效方法,这是我上小学时父亲教给我的。**用眼看、用嘴读、用耳朵听、勤动手,这种方法对大脑的刺激是光用眼看的四倍以上。**

通过大量阅读英语文章来吸收英语单词

另一个方法是，**泛读论文和英语文章，见到不认识的单词不必一个一个查。**

可能有人会因为看不懂单词意思而影响阅读，但只要忽略这些继续阅读，一两个不明白意思的单词并不会影响对大体内容的掌握。人类是了不起的，所以最终也可以凭直觉理解那些不认识的单词。

在商务学校的课程学习中，需要阅读10页左右的论文。论文里自然会频繁地出现我不认识的单词。然而，经过半年的时间之后，我就可以毫无障碍地阅读英语文章了。像这样，经过大量阅读，不知不觉间就可以顺利阅读英语文章了。实际上，这是吸收英语单词最为有用的方法。

不要在已经记住的单词上浪费时间，要大量地接触新单词，打败遗忘曲线。

这里我故意没有用"背诵"这个词，而是用了**"吸收"**。这是因为，背诵英语单词根本不可能记住，通过大量阅读英语文章，在不知不觉间就能明白单词的意思。

这就是说，在文章中看到的英语单词会随着文章的故事情节一起记下来。而且，即使不知道文章的意思也能从故事中推测出单词的意思。另外，和故事一起记住的还有推测出来的意思，所以单词会残留在印象中，久久难以忘记。

我想你一定记着小时候读过的《龙珠》和《灌篮高手》故事中的一言一语。像这样，通过故事得来的记忆大部分都能长期保存。

然而，在单词本上怎么做都不可能添加故事。所以，也无法获得长期记忆。

记忆英语单词时，我建议大家多读英语文章。这么做可以和故事一起大量吸收英语单词。

■ 重点：多读英语文章，和故事一起吸收英语单词。

55. 用英语上网

今后,能直接从海外获得信息的人和不能获得信息的人之间会产生巨大的信息差。

现在,可以通过网络获得大量信息。但是,通过日语获得信息和通过英语获得信息具有云泥之别。

我们用日语阅读长篇文章的时候,并不会通读全文,无意识间就会提取有用信息。如果一点一点地思考整篇文章的细节,有多少时间也不够用。不知不觉间,我们会只选取自己关心的句子和关键词。

如果换成长篇的英语,就不可能轻松地选取内容。这是因为你抓住了英语文章的细节,就不能理解句子和句子之间的联系。

而通过网络查找,能有效地锻炼这种英语略读能力。

我想没有平时不上网的人吧。但是用英语查找信息的人是少之又少。

在大量的信息中,如何才能用英语抓到有用的信息呢?**日常上网时用英语查找信息可有效锻炼这一能力。**

下面是我推荐的英语网站。建议大家从自己感兴趣的领域开始查找信息。

・THE WALL STREET JOURNAL

http://www.wsj.com

・THE ECONOMIST

http://www.economist.com

・USA TODAY

http://www.usatoday.com

・FINANCIAL TIMES

http://www.ft.com/home/uk

・Nature

http://www.nature.com

・ATP World Tour

http://www.atpworldtour.com

■ **重点：通过上网锻炼英语的速读能力。**

56. 用 10-K 锻炼阅读技巧

想"尽早"顺利阅读英语的人应该具备的英语能力是找出重要的内容，这种能力就是略读。

我推荐给大家一个有用的方法：**活用英语的决算报告书"10-K（年度报表）"。**

10-K 是在美国证券交易所上市的企业向股东递交的业务报告书。10-K 浓缩了企业的最新信息，相比阅读商务文书，10-K 更令人受益。

如果不懂决算数据和财务用语等必要的知识，10-K 的有些地方确实看不懂，但为了让来自世界各地的大部分股东理解报告内容，报告中用到的都是简单的英语表达。在网上输入"公司名"+"10-K"进行搜索，会看到能免费下载的 PDF 文件。

希望大家挑战一下这个方法，大致看看公司的企业理念、重视的领域、投资地和企业风险等，并理解公司的商业模式。忽略看不懂的单词通读一遍即可。重要的是在一定时间内通读，理解其商业模式。

通过这种练习,在速读的同时也能理解句子和句子之间的联系以及内容,从而掌握略读能力。这一方法是基于在商务学校中的真实体验中得来的,通过阅读被列为众多课程的10-K,有效地提高了略读能力。

相比阅读艰涩难懂的英语书,最好试着读一下和大家行业相关的企业10-K报告。

10-K的阅读方法

我们来看一下10-K的具体内容。下图展示的是亚马逊的10-K表。只要在网络上搜索"Amazon 10-K",谁都可以免费下载这个报表。

Amazon.com 的 10-K(英文决算报告书)

```
AMZN-2013.12.31-10K

10-K 1 amzn-20131231x10k.htm FORM 10-K
Table of Contents

                    UNITED STATES
          SECURITIES AND EXCHANGE COMMISSION
                   Washington, D.C. 20549

                        FORM 10-K

    (Mark One)
    ☒  ANNUAL REPORT PURSUANT TO SECTION 13 OR 15(d) OF THE SECURITIES EXCHANGE ACT OF 1934
    For the fiscal year ended December 31, 2013
                              or
    ☐  TRANSITION REPORT PURSUANT TO SECTION 13 OR 15(d) OF THE SECURITIES EXCHANGE ACT OF 1934
    For the transition period from        to
                      Commission File No. 000-22513

                  AMAZON.COM, INC.
              (Exact Name of Registrant as Specified in its Charter)

           Delaware                              91-1646860
    (State or Other Jurisdiction of            (I.R.S. Employer
     Incorporation or Organization)            Identification No.)
                      410 Terry Avenue North
                    Seattle, Washington 98109-5210
```

首先希望大家挑战的是 Business 和 Risk Factors 部分。通过 Business 部分，能够掌握企业的商业模式和概况。Risk Factors 部分阐述企业面对的问题和威胁，可以评估企业潜在的风险。如果你已经习惯了略读，就可以通过分析决算数据、了解资金流向，用英语分析整个企业。

阅读 10-K 不仅能掌握英语阅读所需的略读能力，还能掌握商务场合使用的英语单词以及措辞方式。请一定通过练习 10-K 来提高阅读能力。

Amazon.com 的 10-K（英语决算报告书）目录

```
AMZN-2013.12.31-10K
Table of Contents
                                    AMAZON.COM, INC.
         先读这里                         FORM 10-K
                              For the Fiscal Year Ended December 31, 2013
                                          INDEX

                                                                                    Page
                                       PART I
   Item 1.    Business                                                                3
   Item 1A.   Risk Factors                                                            6
   Item 1B.   Unresolved Staff Comments                                               13
   Item 2.    Properties                                                              14
   Item 3.    Legal Proceedings                                                       14
   Item 4.    Mine Safety Disclosures                                                 14

                                       PART II
   Item 5.    Market for the Registrant's Common Stock, Related Shareholder Matters, and Issuer Purchases of Equity
              Securities                                                              15
   Item 6.    Selected Consolidated Financial Data                                    16
   Item 7.    Management's Discussion and Analysis of Financial Condition and Results of Operation   17
   Item 7A.   Quantitative and Qualitative Disclosure About Market Risk               31
   Item 8.    Financial Statements and Supplementary Data                             33
   Item 9.    Changes in and Disagreements with Accountants on Accounting and Financial Disclosure   68
```

■ 重点：通过英文决算报告书，能够掌握海外企业的商业模式以及商务词汇。

57. 通过电影和 TED 磨炼听力技巧

听力是商务谈判、演讲等场合必不可少的重要技能。

锻炼听力的方法，我推荐**反复观看喜欢的、有英文字幕的电影**。因为记住了口语中使用的措辞方式，就可以应用到讲话中。"光看电影就能记住外语，这……"，刚开始我也将信将疑，但是 MBA 的美国同学去日本工作时就用这个方法学习日语。现在，他的日语非常流利，还娶了日本太太。

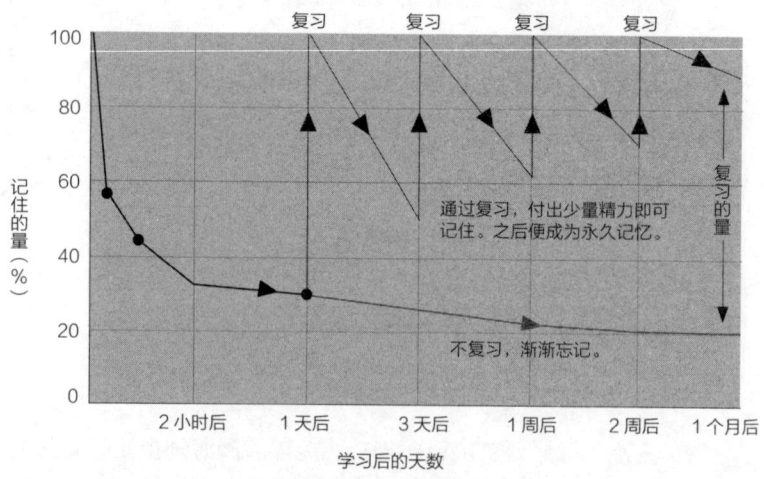

艾宾浩斯的遗忘曲线和复习的关系

为什么看电影有用？这是因为用耳朵听、用眼睛看字幕和影像有利于提高记忆力。我特别建议大家反复观看自己喜欢的电影。这是因为有实验证明，在忘记之前再记一遍确实有利于提高记忆力。

经过这样的反复学习，通常都能得到3~4倍的记忆力。根据遗忘曲线可知，记住的量在1~2天内会急剧减少，所以如果在这期间能好好复习的话，记忆力会有显著提高。

从这一点看，**在1~2日之内复习是提高效率最为科学的方法。**

对于没时间看电影的人，我推荐"TED"。

TED（www.ted.com）是活跃在商业、艺术、科学等行业第一线的人们，用英语分享自己工作、研究内容和思考方式的平台。

无论何时，都可以反复观看和收听TED，因为可以看到英语和日语的字幕，对强化听力有很好的作用。TED的好处在于，演讲者在分享中将重点放在如何向听众传达自己的内容，所以你可以一边听，一边学习演讲者的话语构成、说话方式以及声音的抑扬顿挫和身体语言等。而且，通过观看活跃在一线的人们的演讲，不仅能刺激工作热情，还能提高自身教养。

听力不仅是用耳朵记忆，还要调动眼睛和感官，用全身来学习。

■ **重点：反复复习令听力效果更佳。**

58. 演讲要有表达意识

能表达出多少内容体现了演讲技巧的高超程度。但是，我认为单单通过练习不可能练就好的表达能力。

只要掌握了很多生涩的表达方式，演讲就会万无一失，这种情况根本不存在。**是否能"随机应变"地应答，才是演讲必备的技能。**

为了提高这一能力就要增加表达机会。去海外留学，自然而然地就能增加表达机会，但在日本国内却很难获得。

所以，越来越多的人开始通过英语会话学校和Skype来创造表达机会。

我自己也是通过英语会话学校和Skype来练习表达的，但我感觉最能锻炼演讲技能的，是商务学校的讨论会。英语会话学校和Skype上压力太小，成长也更慢。

少数人参与的讨论会形式的英语会话是提高演讲能力最为理想的方法。如果能用英语说明白自己的意见和别人的意见有什么不同，用英语说服别人，那么你的演讲能力将会上升到很高的水平。

用英语做自我介绍

另外，提高演讲能力的捷径是用英语做完整的自我介绍。这是因为，自我介绍是使用最多的英语。在学校、职场、初次见面时都必须做自我介绍。

我叫某某，在什么地方做什么工作，兴趣是什么等，如果能毫不犹豫地说出这些内容，对方就不会认为你不懂英语，之后的谈话兴趣也会越来越浓厚。

为了流利地做自我介绍，就需要了解自己。我推荐给大家的方法是，**用英语写简历和 LinkedIn，并定期更新**。

在日常生活中养成习惯，用英语讲述自己的事情，自然而然便能掌握演讲能力。这也是对写作的练习，所以请务必加以尝试。

■ **重点：为了锻炼演讲，自我介绍和讨论是最好的方法。**

59. 制作英语简历

能讲英语的第一步就是，**能用英语讲述自己是谁、做什么工作、兴趣是什么**。为了掌握这些内容，我建议大家用英语制作简历。

英语简历不仅仅是申请海外留学时必备的资料，也是回顾自身职务经历和个人经验的有效方法，同时也是用英语表达自己的有用工具。用英语制作简历，不仅能够锻炼写作，还能为演讲做准备。

然而，要想用英语做自我介绍，就需要回头思考自身、用英语整理自身。

作为参考，下面附上我的英文简历。大家可以以此为模板来制作自己的简历。

好的简历不使用被动表达，一定采用主体描述。这样才会被认为是在讲述简历书写者的经验。

而且，不要只写职场职位，**要具体写明职位的作用和职责、达成的成果**。尽量使用具体的数字会更有说服力。

作者的英文简历

Takenori Inomata
Boston, MA 02114
Tel: +1-***-***-**** email: **********@*****.harvard.edu
LinkedIn: www.linkedin.com/in/inomata0521/
Citizenship: Japan

PROFESSIONAL EXPERIENCE

Harvard Medical School, Schepens Eye Research Inst., Mass Eye & Ear   Sep 2012-Oct 2015
Postdoctoral Research Fellow
- Research mechanisms of regulatory T-cells in corneal transplantation in lab mice for possible later application to human patients
- Coordinate with international team of medical doctors and research scientists
- Ultimate research goal is to eliminate rejection of corneal transplantation and to elucidate the mechanisms of immunity in corneal transplantation

Juntendo University Hospital, Ophthalmology Department   Apr 2008-Oct 2012
Assistant Professor & Physician
- Taught basic practical methodology and patient care to new doctors, residents, nurses and other practitioners
- As physician, I performed eye surgeries including for cataracts, glaucoma, refractive surgery, laser treatment for retinal disease and corneal transplantation

University of Tokyo Hospital, Residency   Apr 2006-Mar 2008

EDUCATION

MBA, Boston University, Questrom School of Business   Dec 2013-June 2015
Ph.D, Medicine, Juntendo University, School of Medicine   Apr 2008-May 2012
MD, General Medicine, Juntendo University, School of Medicine   Apr 2000-May 2006

CERTIFICATIONS

Certified Specialist Ophthalmology Registration
Occupational physician License Registration
Japanese Medical License Registration

ADDITIONAL EXPERIENCE

Founder, Japan-Global Medical Career Support, Tokyo, Japan   2014-Present
Producer, Independent Film Maker, Tokyo New Cinema, Japan   2013-Present
Organizer, Harvard Lab Tour for Japanese high school students, MA, US   2013, 2014
Manager, Led seminar for young ophthalmologists, Japan   2012-Present
Founded & managed, Study session for graduate students, Japan   2010-2012
Participant, Regional Blindness Prevention by WHO, Thailand   2009
Investigator, Rural Immunization Project, Yunnan province, China   2002

另外，一定要记住，除履历和学历之外，志愿活动以及领导力体验等也是重要的评价项目。

1~2页的简历最为理想。如果过于空荡，不仅得不到较好的评价，感官上给人的印象也会很差。

像这样制作英语简历就证明你已经可以用英语来表达自己了。

如果你的目标是"留学"或"跳槽到外企"，逆向思考一下，就知道必须努力准备好哪些足以填满这张简历的经验。当前没有这种打算的人也可以整理自己的业绩和强项，以总结自己的经验。

■ **重点：用英语盘点自己的经验。**

60. 英语会话中不要"不懂装懂"

提高讲话能力最重要的是，在英语会话中不要"不懂装懂"。

大部分日本人先入为主的观念是听不懂就感到羞耻，所以即使听不懂的时候也会点头。

但是，这么一来，当讨论进入白热化状态、征求你意见的时候，你却答不上来。

谈话中如果有我不懂的内容，我会立刻问"什么意思"。这样一来，大部分人都会用其他表达或更简单的单词重新说一次。

即使在对方怎么说都听不懂的情况下，我也会请对方再说一遍或者猜一下内容，再做出相应的回答。通过这种方式，如果出错了，对方也会再给我一次提问的机会。如果我什么都不说，对方会认定我已经听懂了，那么，我的讲话水平和听力水平永远也不可能进步。

不会说英语的人最大的问题并不在于是否擅长英语，而在于不能和对方顺利沟通。大多数人会觉得英语难学，在听不懂的情况下也往往表现出懂的样子，但最关键的应该是鼓起勇气再问一次。

重要的是要向对方表现出积极沟通的姿态。

■ **重点：如果有不懂的内容就要鼓起勇气再问一次。**

61. 使用谷歌学习书写

为了提高书写能力，首先要提高单词量。英语作文水平可以通过谷歌翻译和网络搜索加以提高。

谷歌翻译非常方便，虽然无法准确无误地翻译长篇文章，但可以让我们获得语感良好的文章。**我首先用谷歌翻译把文章翻译出来，之后再自己重新写成英语文章。**这时，不能完全照搬，而仅仅借鉴其语感。最后，把自己写成的文章输入谷歌翻译，确认一下是否可以逆向翻译成正确的日语。

更为珍贵的是**在谷歌检索中输入句子**这一方法。如果英文表达方式正确，就会检索出写有同样英语的英文网页。如果想要精度更高，可以在英文前后加上引号（""）再进行句子搜索。

即使是商务学校里的本土美国人，确认英语措辞的时候，也会在谷歌上搜索句子来确认英文。

像这样在谷歌上确认自己书写的英文文章，就能够独立地锻炼书写能力。

■ 重点：在谷歌上确认自己书写的英文文章。

62. 使用模板写英文邮件

我想很多人学习英语的目的是,能用英文邮件和别人沟通。

英文邮件的写法和日语的写法不同,虽然我刚开始迷惑不解,但很快就能应对自如。

英文邮件和用英语谈判、讲话不同,不需要长时间、大费周章地学习。**只要把书上和网络上的写法当模板用即可。**

> Dear Mr. XX,(亲爱的 XX 先生)
>
> I hope all is well with you.(承蒙关照)
> Please find attached the file.(麻烦确认一下附件中的资料)
> It will be great if you could send it to me by Monday.(如果能在周一之前收到真是荣幸之至)
>
> Best regards.

只要用这种模板即可。忘记的时候重新查一下就好,所以无须记住。这种模板在各种教科书和网络上都能找到,完全可以借鉴。

无论是谁,都能快速掌握英文邮件,所以可以省下这方面的学习时间,将时间用于练习讲话和听力等。

■ **重点:无须在英文邮件上花费时间。**

63. 推荐 TOEFL 用书

近年来，越来越多的企业开始要求员工参加 TOEIC 考试，并将其得分计入人事考评。书店里到处都是关于 TOEIC 考试对策的书。

然而，我要给大家推荐的并不是 TOEIC，而是 TOEFL。这是因为 TOEFL 能够综合性地锻炼在实际场合中需要的"听说读写"能力。

接下来，我介绍几本 TOEFL 用书。感兴趣的人、留学 MBA 的人和留学海外的人都令人吃惊地选择了同样的参考书。由此看出，虽然时代在变，但要求的精华内容并没有变化。

重要的是要使用传统教科书、讨论目标倾向和对策、设定灵活目标。

英语单词

《TOEFL 测试英语单词 3800（TOEFL 大战略系列）》，神部孝著，旺文社出版。

习题集

初级

Longman Preparation Course for the TOEFL Preparation Course: iBT（2E）Student Book with CD-ROM，Answer Key & iTests，Deborah Phillips 著

ETS 公认习题集

The Official Guide to the TOEFL Test With CD-ROM，4th Edition

■ **重点：相比 TOEIC 更推荐 TOEFL。**

Summary 5

概要 5

47. 成为全球化人才

48. 早期开始便要设定具体目标

49. 非"正确英语"也可以沟通

50. 具体描述学习英语的目的

51. 牢记目标,只学习必要的技能

52. 确保英语学习时间

53. 做 TOEFL 领跑运动员

54. 跟遗忘曲线战斗,牢记英语单词

55. 用英语上网

56. 用 10-K 锻炼阅读技巧

57. 通过电影和 TED 磨炼听力技巧

58. 演讲要有表达意识

59. 制作英语简历

60. 英语会话中不要"不懂装懂"

61. 使用谷歌学习书写

62. 使用模板写英文邮件

63. 推荐 TOEFL 用书

INTERVIEW ❸
——挑战世界的人采访记录三

专业网球选手
添田豪

2014年全美公开赛决赛中,运动员锦织圭的采访内容风靡一时。比赛结束后,输者说的话为什么能打动世界人们的心?这是因为在仅有1分之差的对手之间说了让对方感动的话。

仅仅身体条件优秀,还不能到达运动生涯的顶峰。这是因为在把握住自己的能力和界限的基础上,要达成目标不可缺少的还有战略性思维和达成力。

精神上要控制消极情绪,还必须保持平常心。而且,转战海外比赛时的沟通和交流能力也不可或缺。只有所有技能都达到极限的优秀运动员才能站上君临天下的高峰。

这里是对专业网球选手添田豪的采访,我们可以学习其目标和时间的管理方法以及英语学习方法。

添田豪作为日本国内培养的顶尖网球选手,参加了2012年伦敦奥运会和所有的大满贯比赛，世界排名最高第 47 位，是日本名副其实的顶尖选手。

网球比赛需要在 1 年之内转战世界各地，非常繁忙。添田先生是如何安排行程的？

大满贯分别在澳大利亚、法国、意大利和美国举行，所以就必须按照这个行程转战全世界。具体行程大概用 3 个月就能定下来，之后就是根据排名来确定参加哪场比赛。

您参加了 2012 年伦敦奥运会，并取得了世界排名第 47 位的成绩，您是如何设定目标并最终完成目标的呢？

我设定的最大目标是参加奥林匹克运动会。为了获得出场权就要先取得世界排名，这是很现实的安排。但是只保持排名难以成长，所以通过分阶段挑战大型比赛，来提高水平。最后实力和排名都上升了，也就能够参加伦敦奥林匹克运动会，取得了世界排名第 47 位的成绩。

添田先生在高中之前只在日本打网球，但您是如何掌握和教练、双打搭档以及赛后英语采访等沟通方法的？

刚开始根本说不出口，但积极地和外国人说话，慢慢地就能说了。在海外比赛时必须会英语，所以我会听电影和音乐，通过查字典来记忆。最后，耳朵习惯了，慢慢也就能说了。

飞机上，我会看看书或者电影来学习英语。因为要转战世界各地参加网球比赛,所以倒时差非常辛苦,能睡一觉最好了,但还是得好好利用在路上的时间。

■ 添田豪 简历

1984年9月5日出生于神奈川县藤泽市,专业男子网球运动员。伦敦奥运会代表日本出战。世界排名第47位。参加了所有大满贯比赛。

PART 6

卓有成效的人不断成长的技巧

经常有人问我这样的问题。

"为什么要考 MBA？""为什么要去国外留学？"

为了满足好奇心。

对，我是"为了满足好奇心"才努力学习，而不是"为了取得好成绩"。

我在哈佛和商务学校遇到的人，都积极主动，好奇心旺盛，对新事物充满热情。他们对于看上去很有趣的事情，即使不属于自己的领域，也会积极进取、努力学习。

对于自己感兴趣和关心的事情，自然能够主动学习。因为我非常喜欢网球，所以一段时间内我记住了排名前 100 位的网球选手的全名。

"充满好奇心"是让学习变简单的秘诀。越优秀的人就会对越多的事情保持高昂的兴趣。

不仅仅是自己的专业领域,还要将触角延伸到各个领域,如果能从充满好奇心开始,学习也将进展顺利。

本章中,将以我的实际经验为基础,向大家介绍提高动力、不断成长的方法。

64. 通过成功体验来保持动力

大概所有人都会有情绪低落、动力下降的时候吧！

学习中，保持动力是产生卓越成果必不可少的因素。

获得诺贝尔奖的科学家和研究者是如何保持动力，不断朝大目标迈进的？

他们也不是突然间就有了能获得诺贝尔奖的重大发现。他们往往需要经过几十年或者用毕生的精力勤勤恳恳、不断努力，才能有所成就。

研究者设定研究计划，在假设的基础上开展实验，为了一步步地解开难题，自然而然地导出了成果。

当然，有时候假设也可能会偏离目标而无法得到良好的结果。然而，他们基本上都会自己解决问题，研究自己感兴趣的内容。而且，还可以通过研究成果可视化来确认自己每天的劳动。虽然有时也会进展不顺利，但通过一点点累积小小的成果，可以保持动力，并最终获得较大成果。

所以，为了保持动力，就需要**"在感兴趣的、充实的工作中感受进步"**。无论多么小的进步都没关系，只要长期能"越来越感觉到进步"，就能不断提高生产动力。

令人感到意外的是，这一**"进步产生动力"**的法则并不为人所知。

Teresa M. Amabile 曾在《哈佛商业评论》上发布过她做过的一项调查：在 4 个月的时间里，研究员工在每天工作结束时的感情和职场氛围与动力之间的关系。共有 7 家公司、26 个项目团队、238 人参加了这项研究。研究结果表明，愉快的职场环境和同事的积极评价等有助于提高工作效率、推动工作进程。

研究还表明，前一天工作中的感受会影响第二天的工作进程。76% 以上的人在能感受到进步的日子里都能取得良好的成果。

更为幸运的是，从这一研究中得到了如下结论：即使小小的进步也有利于保持较高的动力、产生良好的成果。

最重要的是"踏踏实实地积累小胜利和进步"。即使是一个一个的小小进步，也能增加你的动力。而且，通过不断积累小小胜利和进步，有助于取得大发现以及获得更大成绩。

积累成功经验增强自信

为了完成大目标，最重要的是"自信"。相信自身的能力并付诸努力才是最需要具备的能力。

而且，只有从成功经验中才能获得自信。即使是小小的成功经验也没关系。

我的成功经验源于大学时代的俱乐部活动。从高中开始打网球的我进入大学后，立刻成为正规网球选手。但是，医学部五年级的时候，在全国运动会的决赛上，我以大悬殊的比分输给了平常一直输给我的对手。现在想来，当时的懊悔以及对同伴的歉意仍然是我精神上的创伤。

之后，为了"复仇"，在医学部的最后一个学年时，我不停地摸索、努力。怎么做才能再次带着团队站上决赛的赛场？自己怎么才能在决赛的舞台上战胜压力发挥真正的实力？

1年后，在第二次决赛中，我再次站在了冠军的位置。但是，这次的我和上次大不相同。这是因为我已经无数次地反复琢磨去年的艰难轨迹、不断模拟决赛场景。

最后，在我六年级最后的大舞台上，我全力以赴获得了全国的冠军。这一成功经历至今仍然激励着我。在我的身体和意识深处，都牢牢地刻下了这句话："无论什么事，只要努力就能实现自己的梦想和目标，努力绝不会背叛你。"

这一成功经历化为自信，自然也成为留学哈佛大学、考入商务学校的早期原动力。

大学时期，当学弟学妹问我"参加俱乐部活动的意义是什么"时，我无法给出明确的答案。但现在，我可以挺起胸膛说，可以积累成功经历和团队管理经验。

积累小小的成功经历、形成自信是完成目标的第一步。什么样的成功都可以，设定可实现的目标，首先从实现这一目标开始。

学习也是如此。"今天能做到这里""考试能考到这个分数"，认识到这种小小的进步，形成自己源源不断的动力。

■ **重点：设立可实现的目标，首先完成这一目标。**

65. 利用先发优势

"迄今为止都没有人这样做过，不行的。"

如果周围有人这么说，反过来想，这可能是个好机会。

和别人做同样的事情，根本不可能占到竞争的有利位置。**机会存在于"和别人不同"的地方**。就像商业上不能复制别人一样，设定目标时，也只有挑战别人没做过的事情才更有意义。

无论哪个时代，大多数的先驱者都需要一段时间后才得到大众的理解。获得赞赏的往往都是最先做出挑战的人。

野茂英雄挑战美国职业棒球大联盟的时候，因为当时尚无先例，所以没有得到任何人的拥护。但是现在，很多棒球选手都去挑战美国职业棒球大联盟。我认为，正是因为野茂英雄的存在，才有了后来日本人挑战大联盟的成功。

网球界的松冈修造，其家族是东宝集团创业一族，听说如果他坚持活跃在网球界就会被逐出家门。然而，松冈修造依然取得了温布尔顿锦标赛第 8 名的好成绩，正是因为他开创了挑战世界的大道，才有了现在的锦织圭活跃于世界舞台。

挑战MBA，是我自己率先尝试的挑战之一。在日本，就职于大学医院的医生中，基本上没有一个能考取MBA，并为医院经营做出贡献的。感觉到应该有医生擅长经营管理的我，**没有等着别人去做这件事，而是亲自上阵。**

见过有人因为经验不足而畏缩不前，但是我不必像这种人一样畏惧挑战。这是因为，挑战、积累成功经验是成长的捷径。我不会因失败而感到羞耻，也不会因失败就不公开自己的计划。因为胆小、在意周围人的眼光，都将影响到自己的行动。

为了不惧失败，拿出勇往直前的勇气，只有不断地挑战。即使经历挫折，也要重新站起来，我们需要终将获得成功的气魄。

正因为挑战了做不到的事情，所以能做的事情才会越来越多，挑战的环境促进了个人成长。绝不能因为没有先例而放弃。相信机会的存在，面向自己的目标不断奋进才是最重要的。

如果有没人去做的事情，就应该向它发起挑战。这是因为第一个挑战的人在很多方面都能够获得优势。

这种优势被称为先发优势（First Mover Advantage）。据此，在很多地方都将产生竞争优势。

比如，在银座开家星巴克咖啡店。如果能先于竞争对手的连锁咖啡店开业，就能占据有利地位。这是先发优势的好处。

iTunes是用数字式数据下载购买音乐软件的一种服务。如果你喜欢用iTunes，即使能够使用其他的购买音乐的服务，你也不会轻易改变。伴随着这一改变还会产生被称为"**转换成本**"的成本。先发优势就站在这一转换成本之上。

在医疗界，挑战新疗法和新药开发的企业和个人，大多都能够构筑业界的领导力。在互联网的萌芽期，孙正义就引进了Yahoo的商业模式而独占日本的电商交易。所以只要占据了先发优势上的成功，就能独领业界风骚。

挑战新事物，无论是时间还是资金上都需要不断投入，我们也将获得更多的优势。

大家也可以观察下身边是否有谁都不做的事情。比如，开会时谁也不做会议记录，就试着挑战一下做会议记录吧！通过这么做，你将会独自掌握部门的信息。

挑战谁也不挑战的事情需要勇气。但是，正因为如此才能获得先发优势。如果惧怕挑战，请一定不要忘记挑战意识。

■ 重点：正因为没有先例，才存在机会。

66. 体验超越界限

只有超越界限，才能提高自己能力的界限值。**只有体验过超越界限，才能够超越自己设定的界限。**

来看一下我在东京大学做实习医生时的经历。

在我当时所属的肝胆胰移植外科，从早上 6 点开始采血，到手术结束时已经过了夜里零点。在这 3 个月时间里，基本上都住在医院。

多亏了这几个月的辛劳，之后无论有多少工作我都不会感到忙碌。我认为，经历过移植外科的忙碌后，身体已经产生了抵抗力，我的界限值也得到了提高。

一旦解除了心理障碍，无论事情多少都不会再说泄气话。人是有趣的生物，经常会和过去的经历做比较。一旦体验过超越自己的界限，自己的容量也会增大。

学习也是如此。请一定经历一次再也无法学习更多的情况。即使在艰难的情况下，也请一定坚持学习。这样一来，你"可能不行"的消极情绪就能转换成"无论何时我都能完成"这一精神激励。

我在波士顿留学的 3 年时间里,除了在哈佛大学的研究,还考取了 MBA,我证明了只要努力就能完成一切想要做到的事情。

直面艰难状况的时候,能否打倒困难完全取决于你能否超越过去的心理障碍界限值。

经历了艰难状况后,将来再遇到同样的情况时,相信你一定能够跨越障碍、努力奋进。这样一来,再也不会感觉遇到的问题是无法逾越的鸿沟了。

■ **重点:请体验一次超越界限。**

67. 一边想象着合格的自己一边学习

学习和痛苦相伴，是很单调的。特别是准备资格考试和学习 TOEFL 等，记忆量很大，经常会出现动力下降的情况。

这时候，要一边想象着已经考试合格的自己，一边继续学习。

这种方法最能激发动力。考 MBA 时，我一边想象着自己在商务学校里参加讨论时的良好状态，一边继续学习。

像这样想象着具体的良好形象，人也会处于接近目标的状态中。连想象都不会的人，还是尽早去观摩学习或者阅读经验书来掌握具体的形象吧！

我喜欢用哪种方式需要看具体情况而定，和人见面说说话，或者去观摩学习一下都可以。通过这种方式来树立具体形象，并和自己的状态相融合，以维持持续的动力。

具体描述一下语言和形象吧！这样一来，专注力和动力都将得到提高。

考试学习进入艰难阶段的时候，要一边想象着自己合格的状态，一边学习。

■ **重点：具体的形象有助于提高动力。**

68. 遵守和自己的约定

遵守约定的人，无论工作还是学习，都能够取得卓越的成果。

这是因为善于管理计划，学习也好工作也好，就能顺利开展，结果就能完成自己的目标，取得卓越成果。

① 善于管理计划

② 学习和工作进展顺利

③ 完成目标

④ 取得卓越成果

为了推动这一良性循环，首先拥有"如果完成了自己的计划，就能取得巨大成功"这样的成功体验。其次，重要的是"主人翁意识"，而非"被动意识"。

小学和中学时带着厌恶情绪学习和长大成人后自愿学习，两者的学习吸收能力是完全不同的。

如果是工作，自己会怎么做呢？

如果是学习，这一学习对自己来说意味着什么？

像这样带着"主人翁意识"，会更容易获得成功。

■ 重点：抛弃"被动意识"，保持"主人翁意识"。

69. 注意不同的衡量标准

为了取得较大成果,除了提高所谓的成绩之外,还应该注意"互助和贡献"这样的衡量标准。

在美国,测评对象包括学生时代所有成绩的 GPA 以及通过领导能力和志愿活动体现的社会贡献。也就是说,**通过判断人的"资质"来决定是否合格。**

但是,这一过程需要花费功夫和时间。因此,美国的大学里有入学许可办公室这样的专业部门。这一部门的权力很大,负责评判学生是否具有考试资格。

2013 年考 MBA 时,我 32 岁。MBA 学生们的平均年龄是 40 岁左右,入学时除英语能力和学历之外,还要考虑管理和领导经验。

我的问题在于工作经验上。考试时,10 年以上工作经验、8 年以上管理经验以及领导经验都是必备条件。但是,算上上学的 6 年时间,我当医生的工作经验只有七八年。

然而,我坚定不移地多次前往入学许可办公室,反复重申我只能在美国留学期间才能学习MBA，为了实现我将来的目标，MBA是不可缺少的，而且8年时间里也积累了充分的管理经验。最终，我说服了入学许可办公室。

幸运的是，组织日本青年眼科医生学会（Young Ophthalmologist Updating Seminar）、组织医院内部护士学习会、参加WHO预防失明工程的经验都被评价为管理和领导经验，这样才得以获得考试资格。

他们让我意识到，这一经验不仅仅是被数值化的成绩和工作业绩，评价对象还包括领导经验和志愿活动等贡献值。

人往往会拘泥于眼前的考试学习和工作业绩，而忽略了其他的经验。成绩和业绩确实很重要，但时而也需要转移目光，注意一下志愿活动和领导能力等无形资产。

保持谦虚

大学医学部的一位前辈是首屈一指的网球选手。在医学部的比赛中从没见他输过比赛，但对于网球，他一向都保持着谦虚的姿态。

这是因为他家里经营着网球俱乐部，平常都和专业选手以及体育系的人打球，认识很多比自己更厉害的选手。

像这样不拘泥于自己的世界，通过参考更优秀的标准，才能不满足于现状、保持谦虚。重要的是，要通过不同的标准**认识到**

一山更比一山高,这样才能成为不断进步的人才。

无论取得多大的成果,一定不要骄傲,要始终保持上进心,争取取得更好的成果。保持谦虚不断努力,只有这样才能获得更大的成长和成功。

■ **重点:放眼成绩和业绩以外的世界,不要成为"土霸王"。**

70. 为组织做出贡献

为相关组织做出贡献是我们的使命。在哈佛大学做研究期间，我常常想为母校顺天堂大学和江户川学园做点贡献。这是因为我想要报答为自己投资的组织。

为组织做贡献的方法很多，但最直接的方法是掌握专业的技能。如果是医院和研究室，学习最新的手术技术和研究技能是对组织最大的贡献。

在美国，捐款是最常见的行为，这也是对组织的贡献。我所在的波士顿大学经营学部，2015年收到了50亿美元的捐款，捐款署名是Questrom。

不仅仅是工作技能和金钱才称得上是贡献。**我决定在1年之内用1%的时间对后辈和年轻人做出贡献。**1%是指365天里3天左右的时间。3天里，向医学学生讲解眼科的毕业考试问题、帮忙准备俱乐部的同窗会、参加面向高中生的演讲会等。重要的是设定具体的数值目标，持续不断地贡献自己的力量。

另外，2014年2月，我设立了支持日本医疗从业者国际化的一般社团法人机构Japan Global Medical Career Support

（JGMS）。JGMS 是基于我留学时体验到的艰辛而设立的。

一旦想去留学，具体应该做什么、需要多少钱、国外的生活什么样等，一无所知真的非常痛苦。所以，在 JGMS，策划留学生的演讲会、交流会的同时，我还通过在网站主页发布留学经验记录和留学信息，向希望留学的人提供最新的信息。

不能只想着自己的成长，向相关组织和后辈贡献自己的力量会成为自己成长的持续动力。

■ **重点：做贡献也要设定具体的数值目标。**

71. 不以金钱来定义成功

人们对成功的定义各不相同。但是，说到成功者，大多数人眼前浮现的都是有钱人或者上了电视和杂志的人。

一般的成功往往被定义为金钱和名誉。但我对这些人生成功的定义表示质疑。金钱和地位真的能为我们带来幸福吗？

我认为成功是指"**在有限的时间和空间里，完成自己认为有意义的事情和目标**"。金钱，只不过是单纯的手段，为人所用而已。

我认为，学习新事物、感悟成长才是成功。

成功的结果也可能是获得较高的收入。这是因为能感觉到成功大多数是因为获得了较高的金钱报酬。然而，很多工作中也存在相反的情况，"即使获得较高的金钱报酬，也感觉不到成功"。我们必须注意，不要将金钱和名誉带来的幸福和真正意义上的成功带来的幸福相混淆。

设定目标时，金钱和名誉不过是副产品而已，我们一定不要忘记这并不是真正的成功定义。

真正的成功源自内心。没有所爱之人和家人的支持就不可能获得真正的成功。一定要对所爱之人抱有感恩之心。

■ **重点：成功是指学习新事物、感悟成长。**

72. 即使失败，也要积极思考

大概所有人都品尝过考试不及格、工作失误等挫折的滋味。挫折有时带来的结果是丧失自信、情绪低落。

其中也不乏即使失败也不气馁，重新站起来，然后创造业绩的人。究竟是什么令他们重新站起来？那就是转换思考的能力。

转换思考的关键词是"弹性"。

比如，"不能""不明白""厌烦"等消极的想法很明显不利于发挥真正的实力。

所以有弹性的人往往能够转换成"一定会顺利""想挑战""想挽回"等积极的词汇。

有弹性的人有以下3个特征。

第一，**冷静地接受残酷的现实**。有弹性的人不会躲避残酷的现实，而是分析现状，考虑现在能做的事情。无论发生什么，这种俯瞰能力往往让人习惯于思考如何应对。

比如，重要的工作搞砸了，失去了客户的信任，怎么办才好？面对这种情况，他们往往习惯于在工作开始之前就考虑好对策。通过这种方式，万一失败也能立刻恢复积极状态。

第二，即使失败，也不会成为受害者，而是能发现其存在价值。比如，考试中不慎失误。有弹性的人不会空空感叹为什么我会犯这种错误，而是吸取这次的失误教训，下次再也不犯同样的错误。

第三，**弹性思考**。比如，因工作失败而被解雇。有弹性的人会认为这是"换工作的好机会"。

谁都经历过考试失败和工作失败。对我们来说，重要的是要有弹性，要从消极思考转换成积极思考。

即使失败了，也不应该在闷闷不乐中消磨时间，而要拥有再次出发的气概，这也是最终实现多个目标必备的思维方式。

柳暗花明又一村，处理挫折的方法

在商务学校里，我也是屡受挫折。讨论、记述试验、演讲等，哪一方面都进展不顺，有时的发言完全是驴唇不对马嘴。每当这时，周围的气氛会非常尴尬，我也会冷汗直流。

在日本生活的时候，完全没经历过这种事情。然而，在商务学校学习的全是未知的事物，加上对英语理解不够，根本无法完全表达出自己想表达的意思。对我来说，这简直是人生最大的挫折。

即使如此，我最终也战胜挫折考取了 MBA。

这里再介绍一下我在商务学校学到的应对挫折的方法。

① 不苦恼

不因一两次的失败而耿耿于怀。即使我演讲失败，对世界也不会有任何影响。相比畏惧失败和原地踏步，我认为挑战更多的新事物才是取得成功的有效方法。

② 告别过去、面向未来

我当下的努力是为了未来。失败和挫折只不过是沉没成本。即使现在懊恼不已，也无法回头。我只能朝着未来的目标努力，将时间投资给未来。

③ 从挫折中学习

在商务学校中，我学会了客观地分析挫折，并从中学习应该学习的内容。谁都会失败，我们不应该气馁，而应从挫折中学习，重要的是验证是否有其他方法，是否能找到改善点。

■ **重点：即使失败，也要积极思考。**

Summary 6

概要6

64. 通过成功体验来保持动力
65. 利用先发优势
66. 体验超越界限
67. 一边想象着合格的自己一边学习
68. 遵守和自己的约定
69. 注意不同的衡量标准
70. 为组织做出贡献
71. 不以金钱来定义成功
72. 即使失败，也要积极思考

INTERVIEW ❹
——挑战世界的人采访记录四

拉面店"Yume Wo Katare"经营者
西冈津世志

在美国东海岸的波士顿,掀起了一阵拉面热潮。你知道在波士顿有一家古怪的拉面店吗?

而且,这家店会提供召开献策攻关会的场所。

哈佛大学旁边的波特广场站上有一家名为"Yume Wo Katare"(说出你的梦想)的拉面店,这里每周一和周四都会召开"Yume Lab"。每次吃完拉面,都会为你提供一个介绍自己梦想、再确认自己目标的机会。我每周去那里吃一次拉面,并会分享自己的梦想。

为什么要做这样一家店?我采访了这家店的经营者西冈津世志。

为什么会用"Yume Wo Katare"来做店名?

2006年我在京都大学附近开了一家拉面庄,名叫说出你的梦想。"说出你的梦想"这个名字是希望大学生能不断挑战自己的梦想。学生到21岁时就突然丢了梦想,因为这时候就开始找工作了。为了找工作,开始分析自己最适合什么样的工作。他们应该找到自己真正想做的事情,但他们却开始寻找理由来放弃最想做的事情。我希望这样的21岁学生能继续挑战自己的梦想,就起名字为Yume Wo Katare。

西冈先生的梦想和目标是什么?

2030年之前,在世界195个国家找到能说出梦想的伙伴。幸福与梦想和目标的大小无关,但和实现梦想、完成目标的数量有关。而且,为了继续挑战梦想和目标,做喜欢的事才是人生最佳境界,也是实现人生最大价值的方法。为此,我要向全世界提供能够自己说出梦想的地方,寻找越来越多的伙伴。

为什么会选择来波士顿?

来波士顿是因为这座城市聚集了来自全世界的领袖以及想成为领袖的年轻人。这样的年轻人才能真正感觉到"不断挑战梦想""说出梦想"的重要性,才会通过这种方式来改变世界。真正让我做出出国决定的原因是,2009年来波士顿的时候,身体也感应到了这里的可贵之处,忍不住起了一身鸡皮疙瘩。

站在波士顿这片挑战梦想和目标的土地上,身体真的可能会有所反应。我也是因为来到了波士顿,才不再害怕挑战。可能是因为这块土地上的哈佛大学和MIT酝酿而成的挑战和创新的低门槛，才会切身体会到挑战和创新是无比寻常的事情。

周一的时候 Yume Lab 会做什么安排呢？

Yume Lab 提供给想实现梦想的伙伴们一个聚会的地方。人们实现梦想的方法各有不同，但想实现梦想的同伴们聚在一起，只关于梦想的思考也是实现梦想的一条捷径。具体来说，刚开始是个人来 Yume Lab 分享目标，后来，分享梦想和目标的个人越来越多，Yume Lab 前台就给参与者发放表格，记录下他们的目标和梦想。这个表格可帮助参与者认识自身价值，规划未来，制订年计划、月计划甚至周计划。表格上也可写下对他人梦想和目标的建议或看法。记录结束后就分享目标和梦想、互相提问。周一用英语，周四用日语。

提炼出梦想和目标，向大家公开发表出来，大家应该会对彼此的梦想提出合适的建议、研究彼此的梦想吧？

是的。刚开始会有人不想填表格，也有人给不出任何建议，但通过私人聚会逐渐打开心结。对目标明确的人和目标不明确的人来说，都可以共享这一有意义的时间。

Yume Wo Katare 不仅仅是家拉面店，在波士顿，这家店被认为是一个为了实现梦想而存在的地方。国外的学生积极地把自己的梦想分享给大家。店里墙壁上的匾额上摆满了学生们的梦想和目标。当然，我离开波士顿的时候，也在匾额上写下了我的梦想。

对于梦想和目标，相比自己独自挑战，和同伴一起挑战、互相影响更具现实性。

这次的采访让我受益匪浅。我明白了一定要和别人共享梦想和目标，不断发起挑战。

■ **西冈津世志 简历**

1979年出生于滋贺县近江八幡市。高中毕业后在东京以艺人身份出道，以吉本兴行的舞台为中心开展工作。2002年跳槽到二郎拉面。2003年荣升西新井大师店的店长。两年后该店成为标杆店。2006年10月独立开店，在京都开创"拉面庄·说出你的梦想"。2011年10月已经在京都、大阪、东京、兵库开了6家店铺。2012年10月开始在波士顿开创"Yume Wo Katare"。2013年10月入读BBT大学。

后记

我能完成留学哈佛、考取 MBA 的梦想和目标，多亏了给予我机会的顺天堂大学眼科部的村上晶教授和哈佛大学的 Reza Dana 教授。毫不过分地说，正是因为村上晶教授的"希望能挑战所有想做的事情"这种思维方式，才成就了今天的我。借此机会，向村上晶教授表达深深的谢意。

很久以前我就有一个目标，30 多岁时要把自己经历的一切和思考的一切总结成篇。虽然出书总会有人认为是沽名钓誉，但我依然咨询了出版社。进一步说，作为医生，应该专攻医学、研究、教育，这才是我的本职工作，可能有人会说，写书是在浪费时间。

然而，在商务学校听到营销教授说"Dream big and be willing to take some risk"的时候，我也问过自己：真的可以吗？

这是因为我从做实习医生开始就喜欢读书，通过阅读大量书籍，深深地被那些作者常年积累的知识和热情所感动。在哈佛大学和商务学校和国际人士一起学习，意识到为世界做出贡献的同时，我也鼓起勇气决定做大家的催化剂。

我当然想把在美国学到的东西分享给更多的人。而且，这种学习和分享的精神正是本书诞生的基础。

在美国期间能兼顾写书、研究和读MBA，获得了父母和妻子在精神和物质上的大力支持，无论怎么感谢都难以表达出我的感激之情。

人和人的联系让新世界更加宽广。正因为朋友柳内启司介绍我认识了千叶正幸先生，我才会写出这样一本书。

人和人的联系已经进入了模拟和数字相结合的全新时代。和世界之间的距离更近了，通过网络和全世界的人连在一起，另外，人们不得不感受到只有面对面才能共有的"满腔热情"。

通过网络途径也很好，但最终还会因为共有同样的空气而产生真正的信赖关系。

在波士顿的刺激生活带给我人生中从未体验过的充实感。我觉得这是我人生和职业生涯中最为重要的时期。

为了挑战世界、为了完成巨大的目标，虽然专注于眼前的短期目标，但一定要一步一步地展望全局、实现终极目标。

学习、工作和职业上要设定明确的目标，只有让各种努力产生整体相加的效果，人生才会更加丰富多彩。

如果本书能助你完成更高的目标，为你挑战新世界助一臂之力，我将倍感荣幸。

写于大雪纷飞中的波士顿

猪俣武范